Einfache vegetarische Küche

GU Rezept-Wegweiser 2
Überblick über die Rezepte des Buches mit ihren wichtigsten Eigenschaften.

Feine Kleinigkeiten 4
Fett gut dosieren 4
Eiweiß ist lebenswichtig 4
Ballaststoffe – alles andere als Ballast 5
Kohlenhydrate für mehr Power 5
Vitamine 5
Rezepte 6–17

Alles aus einem Topf 18
Gemüse und Obst einkaufen 18
Gemüse zubereiten 19
Gemüsebrühe (Grundrezept) 19
Rezepte 20–27

Gesundes zum Sattessen 28
Einkaufen, was die Jahreszeit bietet 28
Getreide 29
Hülsenfrüchte 29
Rezepte 30–43

Knuspriges aus dem Backofen 44
Energiesparend backen und kochen 44
So schmecken Auflauf & Co. 44
Reste 45
Rezepte 46–53

Süßes – nicht nur zum Dessert 54
Alternative Süßungsmittel 54
So können Sie Zucker sparen 55
Alternatives Bindemittel 55
Früchte 55
Rezepte 56–61

Register 62
Impressum 62
Gasherd-Temperatur 64
Abkürzungen 64

Rezept	Seite	Kalorien/Portion	Frühjahr	Sommer	Herbst	Winter	Gelingt leicht	Schnell	Preiswert	Raffiniert
Blattsalate mit Fenchel und Dillcreme	6	127		●			●	●		●
Linsen-Apfel-Salat	7	236			●	●			●	
Kohlrabicarpaccio	8	158	●					●	●	
Orangen-Möhren-Salat	8	129				●	●	●		●
Couscoussalat	9	272		●						●
Rucola-Radicchio-Salat	9	71			●			●		
Kartoffelsalat mit Paprika und Spinat	10	216		●			●		●	●
Spinatsalat mit lauwarmem Gemüse	11	129	●	●				●		●
Blätterteigstangen m. Avocadocreme	12	245		●			●			●
Morchelmousse mit Tomaten	12	254		●						
Kleine Gemüsehörnchen mit Salat	14	126		●			●			●
Artischocken mit Tomatencreme	15	337		●			●			●
Frischkäse-Paprika-Creme	16	198		●			●	●		
Sellerieflan	16	252			●	●			●	●
Kohlrabi-Curry-Suppe	20	283	●	●				●	●	
Kartoffel-Frühlingszwiebel-Suppe	20	486	●				●			●
Grünkernsuppe	22	261			●			●	●	
Kürbissuppe	22	358			●	●		●		●
Kräutersuppe	23	410		●			●	●		
Tomaten-Hirse-Suppe	23	225		●			●			
Kartoffel-Schalotten-Topf mit Safran	24	342				●	●			●
Kichererbsen-Gemüse-Topf	24	573		●					●	
Dinkel mit Frühlingsgemüse	26	467	●							●
Bohnentopf mit Rucola und Paprika	27	410		●			●			
Kartoffel-Sauerkraut-Puffer	30	450				●			●	●
Pellkartoffeln mit Käse-Gemüse-Quark	31	360		●			●		●	

GU Rezept

Rezept	Seite	Kalorien/Portion	Frühjahr	Sommer	Herbst	Winter	Gelingt leicht	Schnell	Preiswert	Raffiniert
Löwenzahnrisotto	32	657		●			●			●
Gemüse-Pilaw mit Tofu	32	544		●			●			
Bandnudeln mit Paprikaragout	34	540		●						●
Penne mit Wirsing-Nuß-Sauce	35	657			●		●		●	
Gefüllte Tofuschnitten	36	304		●	●					●
Grünkernklößchen	36	473		●					●	●
Polenta-Gnocchi mit Kräutererbsen	38	553		●			●			
Grüner Spargel	38	290	●	●			●	●		
Buchweizenbratlinge mit Selleriepüree	40	559				●	●		●	
Gedämpfte Gemüse mit Senfschaum	42	264	●	●						●
Auberginenrouladen	42	278		●						●
Kartoffel-Mangold-Kuchen	46	790		●	●		●			●
Gefüllte Kohlrabi	46	287	●	●			●			●
Gemüsestrudel mit Zitronen-Sabayon	48	695		●	●					●
Gratinierter Fenchel	50	227		●			●		●	
Chicorée-Kartoffel-Gratin	51	536			●	●	●		●	
Zwiebelquiche mit Kümmel	52	245				●			●	
Gemüselasagne	52	724		●						●
Mandel-Aprikosen-Couscous	56	383		●			●			●
Apfel-Bananen-Müsli	56	323			●	●		●	●	
Beeren mit Ricottacreme	57	233		●			●	●		●
Rhabarbergratin mit Eis	57	367	●				●			●
Heidelbeer-Muffins mit Joghurtsauce	58	163		●			●			●
Quarknockerl auf Orangensauce	59	516				●			●	●
Grapefruitgelee mit Pistaziencreme	60	361				●	●			
Himbeer-Mascarpone-Eis	60	593		●						●

Wegweiser

Feine Kleinigkeiten

Daß Wohlbefinden, Gesundheit und Leistungsfähigkeit sehr viel mit der Ernährung zu tun haben, weiß inzwischen jedes Kind. Wie aber sieht eine ausgewogene Ernährung aus?

Fett gut dosieren

In Maßen genossen ist Fett lebensnotwendig, denn es wird für die Aufnahme fettlöslicher Vitamine und zur Regulierung des Fettstoffwechsels benötigt. Die meisten von uns essen aber zuviel davon (es sollten nicht mehr als 60–90 g pro Tag sein). Ernährungswissenschaftler empfehlen außerdem, daß etwa zwei Drittel der konsumierten Fettmenge einfach und mehrfach ungesättigte Fettsäuren sein sollten, die sich vorwiegend in Pflanzen und Pflanzenölen finden.

Eiweiß ist lebenswichtig

Dieser elementare Baustoff des Körpers muß laufend erneuert werden. Eiweiß (Protein) besteht aus Aminosäuren, wovon acht lebensnotwendig (essentiell) sind und mit der Nahrung aufgenommen werden müssen. Hochwertiges Eiweiß, das vom menschlichen Körper gut verwertet werden kann, findet sich vor allem in Fleisch. Vegetarier müssen deshalb dieses tierische Eiweiß möglichst gut ersetzen.
Wertvolle Eiweiß-Kombinationen sind:
• Kartoffeln und Milchprodukte oder Eier;
• Hülsenfrüchte und Milchprodukte, Getreide, Eier oder Nüsse (besonders gut: Bohnen und Mais);
• Getreide und Milchprodukte, Hülsenfrüchte oder Nüsse.

Hochwertige Eiweißkombinationen sind bei vegetarischer Ernährung besonders wichtig, denn sie müssen das biologisch wertvolle Eiweiß aus Fleisch ersetzen.

Ballaststoffe: alles andere als Ballast

Diese pflanzlichen, nicht oder nur teilweise verdaulichen Bestandteile der Nahrung wurden lange Zeit für unnötig gehalten. Heute weiß man, daß Ballaststoffe unerläßlich sind, da sie das Volumen des Darminhaltes vergrößern und dadurch einen schnelleren Transport der verdauten Speisen garantieren. Das schont den Darm und verhindert, daß durch die Darmwände zu viele unerwünschte Stoffe aufgenommen werden. Ballaststoffe stecken z. B. in Vollkornprodukten, Hülsenfrüchten, Kartoffeln, Nüssen und Trockenobst.

Kohlenhydrate für mehr Power

Diese Energiequelle Nr. 1 kommt hauptsächlich in pflanzlichen Lebensmitteln vor. Kohlenhydrate sind Einfach-, Zweifach- oder Mehrfachzucker, die vom Körper immer in seine Bestandteile, nämlich Einfachzucker, umgewandelt werden. Einfach- und Zweifachzucker, z. B. in Süßigkeiten oder Weißbrot, machen dabei am wenigsten Arbeit und halten deshalb auch nicht lange satt. Bevorzugen Sie Produkte mit Mehrfachzucker wie die Stärke aus vollem Getreide, Kartoffeln, Obst und Gemüse.

Vitamine, Mineralstoffe und Spurenelemente

Inzwischen weiß man, daß Menschen, die ausreichend mit Vitaminen versorgt sind, seltener krank werden. Vitamin C, E und Beta-Carotin (eine Vorstufe des Vitamin A) sollen sogar eine krebsverhütende Wirkung haben. Sie werden auch als antioxidative Vitamine bezeichnet und fangen im Körper die freien Radikalen ab, die die Zellen schädigen können.
Vitamin C finden Sie in großer Menge in roten Paprikaschoten, Sauerkraut, Broccoli, Grünkohl, Petersilie, Rosenkohl, Fenchel und Kiwi. Zitronensaft verstärkt die Vitamin-C-Aufnahme im Körper. Vitamin E steckt in Nüssen und Samen, Weizenkeimöl und Soja.
Beta-Carotin findet sich in kräftig gelb gefärbtem Gemüse und Obst wie Möhren, Aprikosen und Mango sowie in Blattgemüsen und Kräutern.

Sekundäre Pflanzenstoffe

Alles, was einer Pflanze den spezifischen Geschmack und die Farbe gibt, wird als sekundärer Pflanzenstoff bezeichnet. Das sind natürliche Geschmacks-, Duft- und Farbstoffe, Wachstumsregulatoren, Enzyme und Mikroorganismen. Sie werden auch Vitalstoffe oder bioaktive Substanzen genannt. Ihnen werden inzwischen zahlreiche gesunderhaltende Wirkungen zugesprochen.

So wirkt Allicin (in Zwiebeln und Knoblauch) keimtötend und stärkt das Immunsystem. Carotinoide – in allen orangefarbenen Gemüse- und Obstsorten stimulieren die Aktivität bestimmter Freßzellen und das Lymphozytenwachstum. Flavonoide in Beeren, Kirschen, Zwetschgen, Rotkohl, Auberginen und Broccoli stärken die Abwehrkräfte und sollen, wie auch die Indole in allen Kohlarten, krebsverhütend wirken.
Die Saponide in Hülsenfrüchten senken den Cholesterinspiegel.

Vor allem komplexe Kohlenhydrate in Vollkornprodukten, Gemüse und Obst liefern Energie, die lange anhält.

Blattsalate mit Fenchel und Dillcreme

● Sommer
● Raffiniert

Für 4 Personen:

120–150 g gemischte Blattsalate (z. B. Eichblatt, Lollo rosso und Rucola)
1 Fenchelknolle
1 EL Kürbiskerne
1 Bund Dill
1 Stück Schale und
1 EL Saft von 1 unbehandelten Zitrone
75 g Crème fraîche
1 TL scharfer Senf
2 EL Gemüsebrühe (selbstgemacht, Seite 19, oder Instant)
1 EL Olivenöl
Salz · weißer Pfeffer

Zubereitungszeit: 20 Min.

Pro Portion ca.: 531 kJ/127 kcal
16 g EW/11 g F/5 g KH

1 Die Blattsalate in stehendem kaltem Wasser gründlich waschen und anschließend gut trockenschwenken. Den Fenchel waschen, putzen und der Länge nach vierteln. Den Strunk und die Stiele abschneiden, die Viertel auf dem Gurkenhobel oder der Rohkostreibe in feine Scheiben hobeln.

2 Die Blattsalate in mundgerechte Stücke zupfen, dann mit dem Fenchel und den Kürbiskernen mischen und auf vier Teller verteilen oder in eine Schüssel geben.

3 Den Dill waschen, trockenschwenken und die Spitzen abschneiden. Die Zitronenschale fein hacken. Die Crème fraîche mit dem Senf, dem Zitronensaft, der Gemüsebrühe und dem Öl verrühren. Dillspitzen und Zitronenschale untermischen, die Creme mit Salz und Pfeffer pikant abschmecken.

4 Jeweils einen Klecks Creme auf jeder Portion Salat verteilen. Den Salat erst bei Tisch mischen. Oder den Salat in der Schüssel lassen und die Sauce extra dazu reichen. Servieren Sie Vollkorntoast dazu.

VARIANTEN

Statt Fenchel schmecken auch feine Möhrenscheiben oder Champignons. Die Pilze mit Küchenpapier sauber abreiben und in feine Scheiben schneiden. Mit 1 EL Zitronensaft mischen, roh unter die Blattsalate mengen. Auch bei der Wahl der Kräuter können Sie variieren. Zu den Möhren paßt Kerbel besonders gut, zu den Pilzen Basilikum.

Linsen-Apfel-Salat

- Herbst/Winter
- Preiswert

Für 4 Personen:

150 g Puy-Linsen
1 säuerlicher Apfel
1–2 EL Zitronensaft
1 Bund Rucola
4 Frühlingszwiebeln
2 EL Apfelessig
Salz · schwarzer Pfeffer
Cayennepfeffer
4 EL Olivenöl
1 EL Pinienkerne

Zubereitungszeit: 1 1/4 Std.

Pro Portion ca.: 987 kJ/236 kcal
10 g EW/10 g F/28 g KH

1 Linsen mit 1/2 l Wasser in einem Topf zum Kochen bringen, dann zugedeckt bei mittlerer Hitze in 35–45 Min. nicht zu weich kochen. Abtropfen und abkühlen lassen.

2 Dann den Apfel schälen oder gründlich waschen, halbieren und vom Kerngehäuse befreien. Den Apfel erst in Scheiben, dann in Streifen schneiden. Mit dem Zitronensaft mischen.

3 Den Rucola waschen, trockenschwenken und grob hacken. Die Frühlingszwiebeln putzen, gründlich waschen und mit dem zarten Grün in feine Ringe schneiden.

4 Den Essig mit Salz, Pfeffer und etwas Cayennepfeffer verrühren. Das Olivenöl unterschlagen. Die Linsen, den Apfel, den Rucola und die Frühlingszwiebeln mit dem Dressing mischen, eventuell noch mit etwas Zitronensaft, Salz und Pfeffer abschmecken.

5 Die Pinienkerne bei mittlerer Hitze unter Rühren ohne Fett in einer Pfanne anrösten und auf den Salat streuen.

VARIANTEN

Versuchen Sie den Salat auch einmal mit aromatischen Aprikosen – in Streifen geschnitten. Tomaten schmecken ebenfalls sehr gut in diesem Salat.

TIP!

Diesen Salat können Sie gut in einer größeren Menge zubereiten und auf einem Partybuffet anbieten.
Puy-Linsen sind kleine, dunkle, fast schwarze Linsen aus der Gegend von Puy in Frankreich. Sie schmecken besonders aromatisch und fein.

Kohlrabi-carpaccio

- Frühjahr
- Preiswert

Für 4 Personen:

2 Kohlrabi
1/2–1 Bund Radieschen (je nach Größe)
3 Frühlingszwiebeln (oder 1 Bund Schnittlauch)
1 TL süßer Senf
1 EL saure Sahne
2 EL Zitronensaft
1–2 EL Haselnußöl
2–3 EL Sonnenblumenöl
6 EL Gemüsebrühe (selbstgemacht, Seite 19, oder Instant)
Salz · weißer Pfeffer

Zubereitungszeit: 25 Min.

Pro Portion ca.: 661 kJ/158 kcal
3 g EW/14 g F/7 g KH

1 Kohlrabi schälen und mit dem Gurkenhobel in feine Scheiben hobeln. Zarte Kohlrabiblättchen waschen und in feine Streifen schneiden. Radieschen waschen, putzen und zuerst in Scheiben, dann in Stifte schneiden. Frühlingszwiebeln putzen, gründlich waschen und mit dem zarten Grün in feine Ringe schneiden. (Den Schnittlauch waschen und in feine Röllchen schneiden.)

2 Den Senf mit der sauren Sahne, dem Zitronensaft und den beiden Ölsorten gründlich vermischen. Mit Gemüsebrühe verdünnen und mit Salz und Pfeffer abschmecken.

3 Die Kohlrabischeiben dekorativ auf Tellern auslegen. Mit den Radieschen und den Frühlingszwiebeln bestreuen und mit der Sauce beträufeln. Mit (Vollkorn-)Baguette servieren.

Orangen-Möhren-Salat

- Winter
- Raffiniert

Für 4 Personen:

300 g Möhren
2 Orangen
1 Bund Basilikum
1 Stück frischer Ingwer (etwa walnußgroß)
Salz · Pfeffer
1 Prise gemahlener Koriander
1 EL Weißweinessig
4 EL Distelöl
4 EL saure Sahne

Zubereitungszeit: 20 Min.

Pro Portion ca.: 540 kJ/129 kcal
2 g EW/9 g F/12 g KH

1 Die Möhren schälen, putzen und in feine Stifte schneiden oder raspeln. 1 Orange schälen und in kleine Würfel schneiden. Mit den Möhren in einer Schüssel mischen.

2 Das Basilikum waschen und in feine Streifen schneiden. Den Ingwer schälen und durch die Knoblauchpresse in ein Schälchen drücken.

3 Die zweite Orange auspressen, mit dem Ingwer, Salz, Pfeffer, Koriander und Essig verrühren. Das Öl unterschlagen, das Basilikum untermischen.

4 Das Dressing mit den Möhren mischen. Den Salat nochmals abschmecken und auf Tellern anrichten. Jeweils mit 1 EL saurer Sahne garnieren.

VARIANTE

Statt Möhren schmecken auch Kürbis oder rote Beten sehr gut.

Feine Kleinigkeiten 9

Couscous-salat

- Sommer
- Raffiniert

Für 4 Personen:

2 Tomaten
150 g Couscous
4 EL Zitronensaft
4 EL Olivenöl
100 ml Gemüsebrühe
(selbstgemacht, Seite 19, oder Instant)
150 g Zuckerschoten
Salz
1 rote Paprikaschote
einige Blättchen Zitronenmelisse
1 EL Pistazienkerne
1 rote Chilischote
Salatblätter zum Anrichten

Zubereitungszeit: 40 Min.
Pro Portion ca.: 1138 kJ/272 kcal
8 g EW/10 g F/39 g KH

1 Die Tomaten waschen und in sehr kleine Würfel schneiden, dabei die Stielansätze herausschneiden.

2 Couscous, Tomaten, Zitronensaft, Öl und Brühe mischen und 30 Min. ziehen lassen. Dabei gelegentlich durchrühren.

3 Zuckerschoten waschen, putzen und in kochendem Salzwasser 3–4 Min. garen. Kalt abschrecken und abtropfen lassen. Paprikaschote waschen, halbieren, putzen und in kleine Würfel schneiden. Zitronenmelisse waschen und in Streifen teilen, Pistazien hacken. Chilischote waschen, putzen und fein hacken.

4 Zuckerschoten, Paprika, Pistazien, Melisse und Chilischote unter den Couscous mischen, salzen. Die Salatblätter waschen und den Couscoussalat darauf anrichten.

Rucola-Radicchio-Salat

- Herbst
- Schnell

Für 4 Personen:

100 g Rucola
1 mittelgroßer Kopf Radicchio
1 saftige Birne
2 EL Zitronensaft
1 TL körniger Senf
2 EL Olivenöl
1 EL saure Sahne
Salz · schwarzer Pfeffer
1 Prise gemahlener Koriander
1 Bund Schnittlauch

Zubereitungszeit: 20 Min.
Pro Portion ca.: 297 kJ/71 kcal
2 g EW/2 g F/11 g KH

1 Den Rucola und die Radicchioblätter waschen und sehr gut trockenschwenken. Große Blätter kleiner zupfen.

2 Die Birne schälen, der Länge nach vierteln, das Kerngehäuse entfernen. Die Birne in kleine Würfel schneiden und mit dem Zitronensaft mischen.

3 Senf, Öl, saure Sahne, Salz, Pfeffer und Koriander verrühren. Die Birnen untermischen. Schnittlauch waschen und in feine Röllchen schneiden.

4 Die Salatblätter auf Teller verteilen, das Birnendressing darüber geben, den Schnittlauch darüber streuen.

TIP!
Hübsch sieht es aus, wenn Sie den Radicchio in Viertel oder Achtel schneiden. Allerdings nimmt er dann das Dressing schlechter auf.

Kartoffelsalat mit Paprika und Spinat

- Sommer
- Preiswert

Für 4 Personen:

| je 1 rote, gelbe und grüne Paprikaschote |
| 1 Zwiebel |
| 600 g festkochende Kartoffeln |
| 50–75 g zarter Blattspinat |
| 1 Bund Basilikum |
| 2 EL Zitronensaft |
| Salz · Pfeffer |
| Cayennepfeffer |
| 4 EL Olivenöl |
| 1 EL kleine Kapern |

Zubereitungszeit: 1 Std.
Pro Portion ca.: 904 kJ/216 kcal
5 g EW/8 g F/31 g KH

1 Den Backofen auf 250° vorheizen. Die Paprikaschoten waschen, halbieren und putzen. Die Schotenhälften mit den Schnittflächen nach unten auf ein Backblech legen. Die Zwiebel schälen, halbieren und mit den Schnittflächen nach unten auf das Blech legen.

2 Das Gemüse im heißen Backofen (Mitte, Umluft 220°) 20 Min. backen, bis die Haut der Paprikaschoten Blasen wirft. Die Schoten kurz ruhen lassen, dann häuten und in Streifen schneiden. Die Zwiebel ebenfalls in dünne Streifen teilen.

3 Während das Gemüse gart, die Kartoffeln waschen und in wenig Wasser zugedeckt bei mittlerer Hitze in 20–30 Min. gar, aber nicht zu weich kochen. Abgießen, ausdämpfen lassen, schälen und würfeln.

4 Den Spinat verlesen, putzen und in stehendem kaltem Wasser gründlich waschen. Sehr gut abtropfen lassen oder trockenschleudern. Das Basilikum waschen, die Blättchen kleiner zupfen.

5 Den Zitronensaft mit Salz, Pfeffer und Cayennepfeffer mischen. Das Öl kräftig unterschlagen.

6 Kartoffeln, Paprikastreifen, Zwiebel, Dressing und Basilikum mischen und eventuell nachwürzen. Eine Platte oder vier Teller mit den Spinatblättern auslegen, den Salat darauf anrichten, mit den Kapern bestreuen und servieren.

VARIANTE

Würziger schmeckt der Salat, wenn Sie statt Spinatblättern Rucola nehmen.

Spinatsalat mit lauwarmem Gemüse und Senfcreme

- Frühjahr/Sommer
- Raffiniert

Für 4 Personen:

1 Bund Frühlingszwiebeln
4 Möhren
1 Fenchelknolle
100 g zarter Blattspinat
1/2 unbehandelte Zitrone
1 Bund Petersilie
1 Scheibe Vollkorntoastbrot
50 ml Gemüsebrühe (selbstgemacht, Seite 19, oder Instant)
2 EL Olivenöl
2 TL körniger Senf
2 EL Crème fraîche
Salz · Pfeffer
1 Prise gemahlener Koriander

Zubereitungszeit: 25 Min.
Pro Portion ca.: 540 kJ/129 kcal
17 g EW/6 g F/14 g KH

1 Die Frühlingszwiebeln putzen und sehr gründlich waschen. Das dunkle Grün abschneiden. Die Frühlingszwiebeln der Länge nach halbieren. Die Möhren schälen und der Länge nach vierteln. Den Fenchel putzen, waschen und der Länge nach achteln.

2 Den Spinat verlesen, von den dicken Stielen befreien und in stehendem kaltem Wasser gründlich waschen. Sehr gut abtropfen lassen und auf Teller verteilen. Die Zitrone heiß abwaschen, die Schale dünn abschneiden und fein hacken. Den Saft auspressen. Die Petersilie waschen und die Blättchen fein zerkleinern. Zitronenschale und Petersilienblättchen über den Spinat streuen.

3 Das Toastbrot in der Gemüsebrühe weich werden lassen. Mit dem Öl in Mixer fein pürieren. Den Senf und die Crème fraîche untermischen, mit 1 1/2 EL Zitronensaft, Salz, Pfeffer und Koriander abschmecken.

4 Für das Gemüse in einem weiten Topf etwa 4 cm hoch Salzwasser zum Kochen bringen. Das Gemüse darin zugedeckt in 5 Min. bißfest garen.

5 Das Gemüse abtropfen lassen und auf dem Spinat anrichten und die Senfcreme darüber verteilen. Den Salat sofort servieren.

Blätterteigstangen mit pikanter Avocadocreme

● Sommer
● Gelingt leicht

Feine kleine Vorspeise für vier, Imbiß oder Abendessen für zwei. Blätterteig braucht etwa 20 Min. zum Auftauen.

Für 2–4 Personen:
Für die Blätterteigstangen:
2 Platten tiefgekühlter Blätterteig
40 g Pecorino
1 EL Sonnenblumenkerne
1 EL Crème fraîche
schwarzer Pfeffer
Für die Avocadocreme:
1 große vollreife Avocado
50 g Joghurt
1 TL Zitronensaft
1 EL Kapern (möglichst in Salz konserviert)
1 Kästchen Gartenkresse
Salz
Cayennepfeffer
1/4 Salatgurke

Zubereitungszeit: 35 Min.
Bei 4 Personen pro Portion ca.: 1024 kJ/245 kcal
8 g EW/18 g F/14 g KH

1 Die Teigplatten nebeneinander legen und zugedeckt auftauen lassen. Den Backofen auf 200° vorheizen.

2 Den Pecorino fein reiben. Die Sonnenblumenkerne fein hacken. Beides mit der Crème fraîche mischen und mit Pfeffer abschmecken.

3 Teig auf wenig Mehl messerrückendick ausrollen. Die Käsemasse darauf streichen, die Platten in 1–2 cm dicke Streifen schneiden. Ein Backblech kalt abspülen, die Streifen darauf legen.

4 Die Käsestangen im Backofen (Mitte, Umluft 180°) 12–13 Min. backen. Etwas abkühlen lassen, dann vom Blech lösen.

5 Für die Creme die Avocado längs halbieren, vom Kern befreien und schälen. Das Avocadofleisch fein zerdrücken, mit Joghurt und Zitronensaft verrühren. Die Kapern kalt abspülen, abtropfen lassen und fein hacken. Die Kresse vom Beet schneiden. Beides unter die Avocadocreme mischen, mit Salz und Cayennepfeffer abschmecken. Die Gurke schälen und in etwa fingerdicke Stifte schneiden.

Morchelmousse mit marinierten Tomaten

● Sommer
● Raffiniert

Für 4 Personen:
Für die Mousse:
30 g getrocknete Morcheln
3 Frühlingszwiebeln
1 Bund Petersilie
1 Knoblauchzehe
1 EL Butter
100 ml trockener Weißwein oder Gemüsefond
1 TL Agar-Agar
100 g Mascarpone
Salz · Pfeffer
1 TL Zitronensaft
Für die Tomaten:
250 g Cocktailtomaten
1 Bund Basilikum
1 Knoblauchzehe
1 EL Zitronensaft
Salz · Pfeffer
1 Messerspitze Honig
2 EL Olivenöl

Zubereitungszeit: 30 Min.
Kühlzeit: 1 Std.
Quellzeit: 1 Std.

Pro Portion ca.: 1062 kJ/254 kcal
4 g EW/19 g F/16 g KH

1 Die Morcheln 1 Std. in lauwarmem Wasser einweichen. Dann unter fließendem kaltem Wasser waschen, gut abtropfen lassen und fein hacken. Einweichwasser durch eine Filtertüte gießen.

2 Die Frühlingszwiebeln putzen, gründlich waschen und mit dem zarten Grün in feine Ringe schneiden. Die Petersilie waschen und ohne die groben Stiele fein hacken. Den Knoblauch schälen und fein hacken.

3 Die Butter in einem Topf erhitzen. Die Morcheln mit den Frühlingszwiebelringen, dem Knoblauch und der Petersilie darin andünsten. Mit dem Wein oder dem Gemüsefond ablöschen und 5 Min. köcheln lassen.

4 Dann die Morcheln abtropfen lassen, die Garflüssigkeit dabei auffangen. Die Morcheln im Mixer oder mit dem Pürierstab fein zerkleinern.

5 Das Agar-Agar mit der Garflüssigkeit der Morcheln und 200 ml Einweichwasser der Morcheln in einem Topf verrühren, erhitzen und 2 Min. kochen lassen. Unter die Morchelmasse rühren. Mascarpone untermischen, alles mit Salz, Pfeffer und Zitronensaft abschmecken und 1 Std. kalt stellen.

6 Tomaten waschen und halbieren. Das Basilikum waschen, die Blättchen in feine Streifen schneiden. Den Knoblauch schälen und durch die Presse drücken. Den Zitronensaft mit Salz, Pfeffer, Honig und Öl cremig aufschlagen. Basilikum und Knoblauch untermischen, mit den Tomaten mischen. Diese Mischung zugedeckt bei Zimmertemperatur 2 Std. ziehen lassen.

7 Von der Morchelmasse Nocken abstechen und auf Teller geben. Die marinierten Tomaten daneben anrichten.

Im Bild oben: Blätterteigstangen mit pikanter Avocadocreme
Im Bild unten: Morchelmousse mit marinierten Tomaten

Feine Kleinigkeiten

Kleine Gemüsehörnchen mit Salat

● Sommer
● Gelingt leicht

Für 16 Stück:

300 g tiefgekühlter
Blätterteig mit Vollkorn
(Reformhaus)
1 kleine Fenchelknolle
1 kleine Möhre
2 Frühlingszwiebeln
200 g weicher Ricotta
1 Ei
1/2 Bund gemischte
Kräuter
1 Knoblauchzehe
Salz · Pfeffer
abgeriebene Schale von
1/2 unbehandelten Zitrone
1 EL Sahne
100 g Blattsalate
2 Tomaten
1 Stück Salatgurke
1 Bund Schnittlauch
1 1/2 EL Aceto Balsamico
3 EL Olivenöl
Mehl zum Ausrollen

Auftauzeit: 1 Std.
Zubereitungszeit: 1 Std.

Pro Stück ca.: 526 kJ/126 kcal
5 g EW/9 g F/8 g KH

1 Den Teig zugedeckt in 1 Std. auftauen lassen.

2 Das Gemüse waschen oder schälen, putzen und in der Küchenmaschine fein zerkleinern. Mit Ricotta und Ei mischen. Die Kräuter waschen und fein hacken. Den Knoblauch schälen und zur Gemüsemasse pressen, die Kräuter untermischen. Die Masse mit Salz, Pfeffer und Zitronenschale pikant abschmecken.

3 Den Backofen auf 200° vorheizen. Ein Backblech kalt abspülen und nicht trocknen.

4 Den Teig auf wenig Mehl messerrückendick ausrollen, in acht Quadrate, diese dann diagonal in Dreiecke teilen. In die Mitte der Teigstücke etwas Ricotta-Gemüse-Masse geben. Die Stücke von der langen Seite her aufrollen und zu Hörnchen biegen. Die Hörnchen nebeneinander auf das Backblech legen, mit Sahne bestreichen.

5 Die Hörnchen im Backofen (unten, Umluft 180°) 25 Min. backen.

6 Inzwischen die Salate waschen und trockenschwenken. Tomaten und Gurke waschen und würfeln. Schnittlauch waschen und in feine Röllchen schneiden.

7 Den Essig mit Salz und Pfeffer verrühren, das Öl unterschlagen. Mit dem Salat mischen. Die heißen Hörnchen zu dem Salat servieren.

Feine Kleinigkeiten

Artischocken mit Tomatencreme

- Sommer
- Gelingt leicht

Für 4 Personen:

4 große Artischocken
1 Zitrone
Salz
1/2 Bund gemischte Kräuter (z. B. Estragon, Basilikum, Kerbel, Dill und Schnittlauch)
200 g Tomaten
1 Knoblauchzehe
250 g Crème fraîche
100 g Joghurt
1 TL scharfer Senf
1 TL Paprika, edelsüß

Zubereitungszeit: 40 Min.

Pro Portion ca.: 1410 kJ/337 kcal
10 g EW/27 g F/15 g KH

1 Die Artischocken waschen, die Stiele abschneiden. Die Blattspitzen mit einer Schere kürzen. Die Zitrone auspressen.

2 In einem Topf reichlich Wasser mit dem Zitronensaft und Salz zum Kochen bringen. Die Artischocken darin bei mittlerer bis starker Hitze 20–30 Min. kochen lassen, bis sich die äußeren Blätter leicht auszupfen lassen.

3 Inzwischen die Kräuter waschen und die Blättchen von den Stielen zupfen. Die Tomaten waschen und würfeln, dabei die Stielansätze entfernen. Die Tomaten mit den Kräutern im Mixer fein pürieren.

4 Den Knoblauch schälen und durch die Presse drücken. Mit der Crème fraîche und dem Joghurt zum Tomatenpüree geben. Die Sauce mit Senf, Salz und Paprikapulver abschmecken.

5 Die Artischocken gründlich abtropfen lassen und auf Teller verteilen. Die Tomatencreme in Schälchen verteilen. Zum Essen die Blätter auszupfen, mit dem fleischigen Teil in den Dip tunken. Zum Schluß den Boden vom Heu befreien, mit dem übrigen Dip essen.

VARIANTE

Sie können die Creme statt mit Tomaten auch mit der doppelten Menge Kräuter zubereiten. Die Kräuter mit 1 scharfen Peperoni aus dem Glas im Mixer fein pürieren. 1 hartgekochtes Ei schälen. Das Eiweiß abtrennen und fein hacken. Das Eigelb mit einer Gabel zerdrücken. Eiweiß und Eigelb unter die Creme mischen.

Frischkäse-Paprika-Creme

● Sommer
● Schnell

Die Frischkäsecreme schmeckt als Brotaufstrich, aber auch mit Grissini als feine kleine Vorspeise. Dann eventuell noch Cocktailtomaten und Gurkenscheiben dazu servieren.

Für 4 Personen:

1 rote Paprikaschote
1 TL Kapern
1 Bund Schnittlauch
200 g Doppelrahm-Frischkäse
50 g Crème fraîche
1 TL Ajvar (scharfe Paprikapaste)
Salz
Pfeffer

Zubereitungszeit: 15 Min.
Pro Portion ca.: 828 kJ/198 kcal
3 g EW/19 g F/4 g KH

1 Die Paprikaschote waschen, halbieren und putzen, dann in sehr kleine Würfel schneiden. Die Kapern fein hacken. Den Schnittlauch waschen, trockentupfen und in Röllchen schneiden.

2 Den Frischkäse mit der Crème fraîche verrühren. Die Hälfte der Paprikawürfel, die Kapern und den Schnittlauch untermischen. Die Creme mit dem Ajvar, Salz und Pfeffer abschmecken. Mit den restlichen Paprikawürfeln bestreuen.

VARIANTE

Frischkäsecreme mit Tomate und Pesto
1 große Tomate waschen und sehr fein würfeln. 1 Bund Basilikum waschen und die Blättchen in feine Streifen schneiden oder hacken. Tomate und Basilikumblättchen mit 2 TL Pesto unter die Creme mischen, mit Salz, Pfeffer und Cayennepfeffer abschmecken.

Sellerieflan mit Apfel-Meerrettich-Salat

● Herbst/Winter
● Preiswert

Für 4 Personen:

400 g Knollensellerie (geputzt gewogen; ungeputzt etwa 600 g)
Salz
100 g Sahne
3 TL Zitronensaft
4 Eigelb
Pfeffer
1 Prise frisch geriebene Muskatnuß
1 säuerlicher Apfel
1 Stück frischer Meerrettich (etwa 2 cm lang)
150 g saure Sahne
1 TL Olivenöl
1 Msp. Honig
1 Bund Schnittlauch
Butter für die Förmchen

Zubereitungszeit: 40 Min.
Garzeit: 1 Std.

Pro Portion ca.: 1054 kJ/252 kcal
7 g EW/20 g F/11 g KH

1 Den Sellerie schälen und in Würfel schneiden. In einem Topf etwa 3 cm hoch Wasser mit Salz zum Kochen bringen. Den Sellerie darin bei mittlerer Hitze zugedeckt in 20 Min. weich kochen.

2 Den Backofen auf 150° vorheizen. Den fertigen Sellerie abgießen, gründlich abtropfen lassen und im Mixer sehr fein pürieren, es sollen keine Stücke mehr zu sehen sein. Die Sahne und den Zitronensaft, dann die Eigelbe untermischen. Die Masse mit Salz, Pfeffer und Muskat abschmecken.

3 Vier feuerfeste Förmchen von je etwa 10 cm Ø mit Butter ausstreichen. Die Selleriemasse einfüllen. Die Förmchen in eine feuerfeste Form stellen und so viel heißes Wasser angießen, daß die Förmchen etwa bis zur halben Höhe darin stehen.

4 Die Flans im heißen Ofen (Mitte, Umluft 140°) 1 Std. garen, bis sie fest sind. Mit einem Holzstäbchen die Garprobe machen. Es soll keine Flanmasse daran haften.

5 Für den Salat den Apfel schälen oder gründlich waschen und halbieren. Vom Kerngehäuse befreien, dann zuerst in Scheiben und anschließend in feine Streifen schneiden. Den Meerrettich schälen und fein raspeln.

6 Den Apfel und den Meerrettich mit der sauren Sahne und dem Olivenöl verrühren, mit Salz, Pfeffer und Honig abschmecken. Den Schnittlauch waschen und in 1 cm lange Stücke schneiden.

7 Die Sellerieflans mit einem Messer vom Rand der Förmchen lösen und vorsichtig auf Teller stürzen. Den Apfel-Meerrettich-Salat daneben anrichten, den Schnittlauch darüber streuen.

VARIANTE

Sellerieterrinchen
Den Sellerie wie beschrieben garen und pürieren. 150 ml Garflüssigkeit mit 1 gestrichenen TL Agar-Agar 2 Min. kochen. Dann mit 1 EL Calvados und 3 TL Zitronensaft unter die Selleriemasse mischen. Mit Salz und Pfeffer abschmecken. 100 g Sahne steif schlagen und unterheben. Die Masse in Förmchen füllen und 1 Std. kühl stellen, bis sie fest ist. Mit dem Apfel-Meerrettich-Salat servieren.

TIP!
Sie können den Flan schon am Vortag zubereiten und dann kalt servieren – so schmeckt er auch vorzüglich.

Im Bild oben: Frischkäse-Paprika-Creme
Im Bild unten: Sellerieflan mit Apfel-Meerrettich-Salat

Alles aus einem Topf

Nicht nur, was Sie kaufen, ist für die Güte eines Essens entscheidend, sondern auch welche Qualität die Produkte haben.

Gemüse und Obst einkaufen

Kaum ein anderes Lebensmittel verliert nach der Ernte so schnell an Inhaltsstoffen wie Gemüse und Obst. Kaufen Sie deshalb wirklich nur frische Lebensmittel, am besten direkt beim Erzeuger oder im gut besuchten Gemüseladen, wo so viel umgesetzt wird, daß die Ware gar nicht lange liegen kann. Ob Gemüse frisch ist, können Sie leicht erkennen. Blattgemüse und auch anderes Gemüse, das mit Blättern verkauft wird, darf nicht schlaff sein, sondern muß kräftige und saftige Blätter haben. Fruchtgemüse wie Gurken, Zucchini und Auberginen sollen fest sein und keine verschrumpelte Schale haben. Zwiebeln, Knoblauch und Kartoffeln dürfen keine grünen Triebe haben.
Und: Kaufen Sie Gemüse möglichst dann, wenn es Saison hat. Denn dann stammt es aus dem Freilandanbau und hat alle Inhaltsstoffe gut ausgebildet.
Lassen Sie also die Erdbeeren im Winter und den Spargel an Weihnachten liegen und genießen Sie das, was die Jahreszeit im Überfluß zu bieten hat.

Frisch vom Bio-Bauern: Gemüse und Obst der Saison aus regionalem Anbau kann man im wöchentlichen Abo bestellen.

Gemüse im Abo

Viele Bio-Höfe bieten inzwischen einen tollen Service: Man bestellt eine Gemüse-Kiste (eventuell mit Obst und anderen Zutaten kombiniert) in beliebiger Größe und bekommt sie jede Woche ins Haus geliefert. Drin ist, was die Saison gerade bietet. Adressen von Bio-Bauern, die diesen Service bieten, finden Sie im Alternativen Branchenbuch.

Gemüse lagern

Zu Hause sollten Sie Gemüse möglichst nur kurz lagern. Die meisten Sorten können Sie ins Gemüsefach des Kühlschranks legen, außer Tomaten, Paprikaschoten und Gurken. Zwiebeln und Knoblauch sind am besten in einem Korb aufgehoben.
Lagerfähige Kartoffeln, die ab Mitte September im Handel sind, brauchen einen kühlen, dunklen und trockenen Ort, damit sie nicht zu viele grüne Stellen mit giftigem Solanin ausbilden. Frühkartoffeln sollten Sie dagegen immer möglichst rasch verbrauchen.

Tips zum schonenden Vor- und Zubereiten

- Gemüse erst waschen, dann putzen, damit wasserlösliche Vitamine und Mineralstoffe nicht weggespült werden.
- Gemüse nach dem Zerkleinern rasch zubereiten, das hilft, wertvolle Inhaltsstoffe zu erhalten.
- Gemüse so kurz wie möglich garen.
- Gemüse möglichst in wenig Flüssigkeit garen, die dann später auch mitgegessen wird. Ausnahme: Blattgemüse wie Spinat und Mangold sowie rote Beten sind mit Nitrat belastet, das sich beim Kochen teilweise löst, die Garflüssigkeit deshalb wegschütten.
- Kartoffeln erst nach dem Garen salzen, denn Natrium (Salz) entzieht den Kartoffeln Kalium.

Dämpfen

Das Garen im Dampf ist eine besonders schonende Garmethode, die Nährstoffe und Aroma gut erhält. Denn dabei kommen die Lebensmittel nicht mit dem Wasser in Berührung, sondern garen im Dampf bei etwa 100°. Beim Dämpfen 1–2 Tassen Brühe oder Wasser mit Gewürzen in einen Topf gießen. Lebensmittel in einen Sieb- oder Dämpfeinsatz geben und in den Topf hängen oder stellen. Die Flüssigkeit zum Kochen bringen. Die Lebensmittel zugedeckt bei mittlerer Hitze garen.

Dünsten

Darunter versteht man das Garen im eigenen Saft oder mit wenig Flüssigkeit beziehungsweise Fett. Die Zutaten dafür in möglichst gleich große Stücke schneiden, damit sie auch gleichmäßig garen. Meist wird in wenig Fett angedünstet. Dann gibt man ganz wenig Flüssigkeit zu und gart zugedeckt bei schwacher Hitze fertig.

Geeignet für wasserhaltige Gemüsesorten und Obst.

Sautieren oder Pfannenrühren

Die feingeschnittenen Zutaten werden in heißem Fett unter ständigem Rühren bei starker Hitze gegart. Gemüse bleibt dabei wunderbar saftig, da es vom Ölfilm umschlossen wird.

Gemüsebrühe (Grundrezept)

Für 1 1/2 l Brühe 1 1/2 kg gemischtes Gemüse putzen, schälen oder waschen und möglichst fein zerkleinern. Mit 1–2 Bund gemischten Kräutern, 2 Lorbeerblättern, 1 TL Pfefferkörnern und 1 1/2 l Wasser in einem Topf geben. Die Gemüsebrühe 30 Min. köcheln lassen, dann abgießen und salzen. Die Brühe können Sie sehr gut portionsweise einfrieren.

Kohlrabi-Curry-Suppe

- Frühjahr/Sommer
- Preiswert

Für 4 Personen:

2 Kohlrabi (etwa 750 g)
1 mehligkochende Kartoffel (etwa 150 g)
1 Zwiebel
1 EL Butter
3/4 l Gemüsebrühe (selbstgemacht, Seite 19, oder Instant)
4 TL Currypulver
1 Bund Schnittlauch
2 EL Sonnenblumenkerne
etwa 1 EL Zitronensaft
Salz
4 EL saure Sahne

Zubereitungszeit: 30 Min.
Pro Portion ca.: 1184 kJ/283 kcal
11 g EW/9 g F/39 g KH

1 Die Kohlrabi und die Kartoffel waschen, schälen und in kleine Würfel schneiden. Zarte Kohlrabiblätter waschen und zugedeckt beiseite legen. Die Zwiebel schälen und fein hacken.

2 Die Butter in einem Suppentopf erhitzen. Die Zwiebel darin glasig dünsten. Den Kohlrabi und die Kartoffel kurz mitdünsten. Dann die Brühe angießen und zum Kochen bringen. Die Suppe mit dem Currypulver würzen und zugedeckt bei mittlerer Hitze 15–20 Min. garen, bis das Gemüse schön weich ist.

3 Inzwischen den Schnittlauch waschen und in feine Röllchen schneiden. Die Kohlrabiblättchen in feine Streifen schneiden. Die Suppe im Topf mit dem Pürierstab fein pürieren. Mit den Sonnenblumenkernen und den Kohlrabiblättchen mischen, mit Zitronensaft und Salz abschmecken.

4 Die Suppe in vorgewärmte Teller verteilen, mit je 1 EL saurer Sahne und Schnittlauch garnieren und sofort servieren.

Kartoffel-Frühlingszwiebel-Suppe mit Croûtons

- Frühjahr
- Gelingt leicht

Für 4 Personen:

2 Bund Frühlingszwiebeln
2 Schalotten
500 g mehligkochende Kartoffeln
2 EL Butter
1 l Gemüsebrühe (selbstgemacht, Seite 19, oder Instant)
Salz
schwarzer Pfeffer
3 Scheiben (Vollkorn-)Toastbrot
1 EL Mandelblättchen
einige Zweige frischer Kerbel
100 g Crème fraîche
2 TL Zitronensaft
1–2 EL Trüffelöl

Zubereitungszeit: 50 Min.
Pro Portion ca.: 2033 kJ/486 kcal
12 g EW/22 g F/60 g KH

1 Die Frühlingszwiebeln putzen und gründlich waschen. Das obere Drittel abschneiden. Die Frühlingszwiebeln in feine Ringe schneiden. Die Schalotten schälen und ebenfalls fein schneiden. Die Kartoffeln waschen, schälen und in kleine Würfel schneiden.

2 In einem Suppentopf 1 EL Butter erhitzen. Die Hälfte der Frühlingszwiebeln und die Schalotten darin andünsten. Die Kartoffeln kurz mitdünsten, dann mit der Brühe ablöschen. Die Suppe zum Kochen bringen, salzen und pfeffern.

3 Dann die Suppe zugedeckt bei mittlerer Hitze 15–20 Min. köcheln lassen, bis die Kartoffeln weich sind. Dann im Topf pürieren und bei sehr schwacher Hitze heiß halten.

4 Das Brot entrinden und in Würfel schneiden. Die Mandelblättchen in einer trockenen Pfanne bei mittlerer Hitze unter Rühren goldgelb rösten, dann herausnehmen.

5 Die restliche Butter in die Pfanne geben und die Brotwürfel darin unter Rühren bei mittlerer Hitze rundherum knusprig anrösten, beiseite stellen.

6 Den Kerbel waschen, die Blättchen abzupfen. Die Crème fraîche mit den restlichen Frühlingszwiebelringen unter die Suppe mischen. Die Suppe mit Zitronensaft, Salz und Pfeffer fein abschmecken.

7 Die Brotcroûtons mit dem Trüffelöl beträufeln. Die Suppe in vorgewärmte Teller verteilen, mit den Croûtons, den Mandelblättchen und dem Kerbel bestreut servieren.

VARIANTE

Statt Trüffelöl, das man wegen dieser Suppe nicht extra kaufen muß, schmeckt auch Walnuß- oder Haselnußöl.

**Im Bild oben: Kohlrabi-Curry-Suppe
Im Bild unten: Kartoffel-Frühlingszwiebel-Suppe mit Croûtons**

Grünkernsuppe

- Herbst
- Schnell

Für 4 Personen:

250 g Spitzkohl
Salz
1 Bund Suppengrün
1 EL Öl
60 g Grünkernschrot
1 l Gemüsebrühe (selbstgemacht, Seite 19, oder Instant)
1 Bund Schnittlauch
schwarzer Pfeffer
4 EL saure Sahne

Zubereitungszeit: 25 Min.
Pro Portion ca.: 1092 kJ/261 kcal
10 g EW/7 g F/40 g KH

1 Die Spitzkohlblätter waschen, die dicken Mittelrippen etwas flacher schneiden. In Salzwasser 5 Min. blanchieren, kalt abschrecken und abtropfen lassen. In feine Streifen schneiden.

2 Das Suppengrün putzen und waschen, dann fein würfeln. Das Öl in einem großen Topf erhitzen. Das Suppengrün darin unter Rühren andünsten. Den Grünkern kurz mitbraten, dann mit der Gemüsebrühe ablöschen.

3 Die Suppe bei schwacher Hitze zugedeckt 10 Min. garen, dabei immer wieder durchrühren.

4 Schnittlauch waschen und in feine Röllchen schneiden. Den Spitzkohl unter die Suppe mischen, mit Salz und Pfeffer abschmecken. Die Suppe in vorgewärmte Teller füllen, mit je 1 EL saurer Sahne garnieren und mit Schnittlauch bestreuen.

Kürbissuppe

- Herbst/Winter
- Raffiniert

Für 4 Personen:

650 g Kürbis
150 g Kartoffeln
1 Bund Frühlingszwiebeln
2 Knoblauchzehen
je 1 unbehandelte Orange und Zitrone
1 EL Butterschmalz
knapp 1 l Gemüsebrühe (selbstgemacht, Seite 19, oder Instant)
Salz · schwarzer Pfeffer
1 Döschen gemahlener Safran
100 g Sahne
einige Zweige Minze

Zubereitungszeit: 30 Min.
Pro Portion ca.: 1498 kJ/358 kcal
10 g EW14 g F/ 50 g KH

1 Kürbis und Kartoffeln schälen und klein würfeln. Frühlingszwiebeln putzen, waschen und in feine Ringe schneiden. Knoblauch schälen und hacken.

2 Orange und Zitrone waschen, etwas Schale abreiben, beiseite stellen. Die Orange und 1/2 Zitrone auspressen. Die Minze waschen.

3 Kürbis, Kartoffeln, Frühlingszwiebeln und Knoblauch im heißen Schmalz andünsten. Brühe angießen, mit Salz, Pfeffer und Safran würzen, zugedeckt 15–20 Min. kochen.

4 Die Suppe pürieren, Zitronen- und Orangensaft unterrühren. Die Sahne steif schlagen, die Minze waschen und in Streifen schneiden. Mit Sahne und Zitrusschalen mischen. Die Suppe damit garnieren und servieren.

Alles aus einem Topf

Kräutersuppe

- Sommer
- Raffiniert

Für 4 Personen:
1 Bund Rucola
2 Bund gemischte Kräuter
einige Löwenzahnblätter
1 Bund Frühlingszwiebeln
1 EL Butter · 3 TL Mehl
3/4 l Gemüsebrühe (selbstgemacht, Seite 19, oder Instant)
200 g Sahne
Salz · Pfeffer
frisch geriebene Muskatnuß
1 Fleischtomate
2 Knoblauchzehen
1 EL Kapern
1 EL Olivenöl
4 Scheiben Weißbrot

Zubereitungszeit: 20 Min.

Pro Portion ca.: 1715 kJ/410 kcal
9 g EW/24 g F/39 g KH

1 Rucola, Kräuter und Löwenzahn waschen und sehr fein hacken. Die Frühlingszwiebeln putzen, waschen und in feine Ringe schneiden.

2 Die Frühlingszwiebeln in der Butter andünsten, mit dem Mehl bestäuben. Die Hälfte der Kräuter, die Brühe und die Sahne dazugeben. Mit Salz, Pfeffer und Muskat abschmecken und 5 Min. köcheln lassen.

3 Die Tomate waschen und fein würfeln. Den Knoblauch schälen und hacken. Tomate, Knoblauch, Kapern und Öl mischen, salzen, pfeffern.

4 Brote im Toaster toasten. Die restlichen Kräuter unter die Suppe mischen. Die Tomatenmasse auf den Broten verteilen, zur Suppe servieren.

Tomaten-Hirse-Suppe

- Sommer
- Gelingt leicht

Für 4 Personen:
800 g Tomaten
1 Möhre
1 Petersilienwurzel
1 Zwiebel
2 Knoblauchzehen
80 g Hirse · 1 EL Olivenöl
1 Bund Basilikum
100 g Schafkäse
1 EL Crème fraîche
Salz · 1/2 TL Honig
schwarzer Pfeffer

Zubereitungszeit: 40 Min.

Pro Portion ca. 941 kJ/225 kcal
10 g EW/9 g F/26 g KH

1 Stielansätze der Tomaten entfernen. Die Tomaten kurz überbrühen, häuten und vierteln. Dann in kleine Würfel schneiden. Möhre und Petersilienwurzel schälen und sehr fein würfeln. Zwiebel und Knoblauch schälen und fein hacken. Die Hirse in einem Sieb kalt abspülen und abtropfen lassen.

2 Öl in einem Topf erhitzen. Zwiebel, Knoblauch, Möhre und Petersilienwurzel darin andünsten. Hirse und Tomaten hinzufügen, 800 ml Wasser angießen und alles zugedeckt bei mittlerer Hitze 20 Min. köcheln lassen.

3 Inzwischen das Basilikum waschen und die Blättchen in Streifen schneiden. Den Schafkäse zerkrümeln. Beides mit der Crème fraîche unter die Suppe rühren. Die Suppe mit Salz, Honig und Pfeffer abschmecken und servieren.

Kartoffel-Schalotten-Topf mit Safran

- Winter
- Raffiniert

Für 4 Personen:

500 g Schalotten
800 g vorwiegend festkochende Kartoffeln
1 Orange
2 EL Olivenöl
2 TL Fenchelsamen
1 TL Honig
1/8 l trockener Weißwein (ersatzweise Gemüsebrühe)
1/4 l Gemüsebrühe (selbstgemacht, Seite 19, oder Instant)
1 Döschen gemahlener Safran
2 EL Zitronensaft
Salz · schwarzer Pfeffer
1 Bund Basilikum

Zubereitungszeit: 45 Min.

Pro Portion ca.: 1431 kJ/342 kcal
9 g EW/5 g F/61 g KH

1 Die Schalotten schälen und ganz lassen. Die Kartoffeln schälen, waschen und in etwa schalottengroße Stücke schneiden.

2 Die Orange auspressen. Das Olivenöl in einem großen Topf erhitzen. Die Schalotten mit den Fenchelsamen darin unter Rühren bei mittlerer Hitze 5 Min. dünsten. Die Kartoffeln kurz mitdünsten.

3 Den Honig unterrühren, mit dem Wein und der Brühe ablöschen. Den Safran in wenig Wasser anrühren und dazugeben. Den Orangensaft und den Zitronensaft untermischen. Den Eintopf mit Salz und Pfeffer würzen und bei mittlerer Hitze 25–30 Min. zugedeckt köcheln lassen, bis die Kartoffeln weich sind.

4 Das Basilikum waschen, die Blättchen in Streifen schneiden. Den Kartoffeltopf damit bestreuen und servieren.

TIP!

Wer möchte, serviert zu jeder Portion 1 EL Crème fraîche.
Ebenfalls köstlich: 300 g Blattspinat verlesen, gründlich waschen und in Salzwasser 1 Min. blanchieren. Kalt abschrecken und abtropfen lassen. Zum Schluß unter den Kartoffel-Schalotten-Topf mischen.
Safran ist eines der teuersten Gewürze. Meist bekommt man Safran bereits gemahlen in kleinen Döschen zu kaufen. Safranfäden müssen Sie zwischen den Fingern zerreiben und in etwas heißer Flüssigkeit anrühren, bevor Sie sie an die Gerichte geben.

Kichererbsen-Gemüse-Topf

- Sommer
- Preiswert

Für 4 Personen:

300 g getrocknete Kichererbsen
4–6 EL Olivenöl
600 ml Gemüsebrühe (selbstgemacht, Seite 19, oder Instant)
1 Aubergine
1 Zucchino
1 gelbe Paprikaschote
200 g Staudensellerie
400 g Tomaten
1 Zwiebel
2 Knoblauchzehen
einige Zweige frischer Rosmarin
Salz
schwarzer Pfeffer
Paprika, rosenscharf
50 g schwarze Oliven

Zubereitungszeit: 1 1/2 Std.
Quellzeit: über Nacht

Pro Portion ca.: 2397 kJ/573 kcal
22 g EW/21 g F/77 g KH

1 Die Kichererbsen in einer Schüssel mit Wasser bedecken und über Nacht quellen lassen. Am nächsten Tag abgießen und gut abtropfen lassen.

2 In einem Topf 1 EL Olivenöl erhitzen. Die Kichererbsen darin andünsten. Mit der Gemüsebrühe ablöschen und zugedeckt bei mittlerer Hitze 1 Std. köcheln lassen. Dabei gegebenenfalls etwas Wasser dazugießen.

3 Inzwischen die Aubergine und den Zucchino waschen, putzen und würfeln. Die Paprikaschote waschen, halbieren und putzen. In Streifen oder Rauten schneiden. Den Sellerie waschen, putzen und in etwa 1/2 cm breite Scheiben schneiden.

4 Die Stielansätze der Tomaten entfernen. Die Tomaten kurz überbrühen, häuten und vierteln, dann grob würfeln. Die Zwiebel und den Knoblauch schälen und fein hacken. Den Rosmarin waschen, die Nadeln abzupfen und grob zerkleinern.

5 In einer Pfanne 2 EL Öl erhitzen. Die Auberginenwürfel darin rundherum braun braten. Herausnehmen. Das restliche Öl in der Pfanne erhitzen. Zucchino, Sellerie und Paprika darin andünsten. Zwiebel, Knoblauch und Rosmarin dazugeben und kurz mitdünsten.

6 Die Aubergine und die Tomaten in die Pfanne geben, mit Salz, Pfeffer und Paprika abschmecken und alles zugedeckt 10 Min. schmoren.

7 Gemüse und Oliven zu den Kichererbsen geben, mit Salz, Pfeffer und Paprika abschmecken und weitere 15 Min. schmoren, bis die Kichererbsen weich sind.

TIP!

Außer Linsen müssen alle Hülsenfrüchte in Wasser quellen, bevor man sie kochen kann. Am besten läßt man sie über Nacht, mindestens aber 8 Std. einweichen. Die Garzeit von Hülsenfrüchten hängt von der Härte des Wassers, aber auch vom Alter der Samen ab. Je älter sie sind, desto länger ist die Garzeit. Ob man die Hülsenfrüchte im Einweichwasser oder in frischem Wasser gart, ist immer wieder Gegenstand von Diskussionen. Die einen sagen, das Einweichwasser enthalte viele wichtige Inhaltsstoffe, die man nicht wegschütten sollte. Die anderen sind der Meinung, daß sich im Einweichwasser zu viele Schadstoffe gesammelt haben.

Im Bild oben: Kartoffel-Schalotten-Topf mit Safran
Im Bild unten: Kichererbsen-Gemüse-Topf

Dinkel mit Frühlingsgemüse

- Frühjahr
- Raffiniert

Für 4 Personen:

300 g Dinkelkörner
500 g weißer Spargel
250 g Zuckerschoten
250 g junge Möhren
Salz
1 Bund Frühlingszwiebeln
2 Knoblauchzehen
1 EL Butter
weißer Pfeffer
100 g Sahne
50 g frisch geriebener Parmesan
1/2 Bund Dill

Zubereitungszeit: 40 Min.
Garzeit: 1 Std.

Pro Portion ca.: 1953 kJ/467 kcal
19 g EW/17 g F/61 g KH

1 Den Dinkel mit 600 ml Wasser in einem Topf zum Kochen bringen. Die Körner bei mittlerer Hitze zugedeckt 1 Std. garen. Dann auf der abgeschalteten Herdplatte noch 30 Min. quellen lassen.

2 Den Spargel waschen, von den Enden befreien und gründlich schälen. Dann in etwa 4 cm lange Stücke schneiden, die Spargelspitzen beiseite legen. Die Zuckerschoten waschen und von den Enden befreien. Die Möhren schälen und der Länge nach vierteln. In einem großen Topf reichlich Salzwasser zum Kochen bringen. Darin nacheinander die Spargelstücke 10 Min., die Spargelspitzen und die Möhren je 5 Min., die Zuckerschoten 3 Min. blanchieren. Jeweils herausnehmen, kalt abschrecken und abtropfen lassen.

3 Die Frühlingszwiebeln putzen, gründlich waschen und mit dem zarten Grün in feine Ringe schneiden. Den Knoblauch schälen und fein hacken.

4 Die Butter in einem Topf erhitzen. Die Frühlingszwiebeln und den Knoblauch darin andünsten. Den Dinkel hinzufügen und mitbraten. Das blanchierte Gemüse untermischen und alles mit Salz und Pfeffer abschmecken.

5 Die Sahne halbsteif schlagen, den Parmesan unterheben. Den Dill waschen, die Spitzen abzupfen. Den Dinkel mit dem Gemüse in Teller verteilen, jeweils mit etwas Parmesansahne und Dillspitzen garnieren. Die restliche Käsesahne getrennt dazu servieren.

Bohnentopf mit Rucola und Paprika

- Sommer
- Gelingt leicht

Für 4 Personen:

300 g große weiße Bohnen
200 g Rucola
2 große rote Paprikaschoten
1 rote Zwiebel
2 Knoblauchzehen
3 EL Olivenöl
1/8 l Gemüsebrühe (selbstgemacht, Seite 19, oder Instant)
Salz · schwarzer Pfeffer
Cayennepfeffer
200 g weicher Ricotta
1 EL Zitronensaft

Quellzeit: über Nacht
Zubereitungszeit: 30 Min.
Garzeit: 1 Std.

Pro Portion ca.: 1715 kJ/410 kcal
25 g EW/15 g F/46 g KH

1 Die Bohnen in eine Schüssel geben, mit Wasser bedecken und über Nacht quellen lassen.

2 Am nächsten Tag im Einweichwasser zum Kochen bringen. Die Bohnen bei mittlerer Hitze zugedeckt 1 Std. kochen, bis sie weich sind.

3 Den Rucola waschen und grob hacken. Die Paprikaschoten waschen, halbieren, putzen und in etwa 1 cm große Würfel schneiden. Zwiebel und Knoblauch schälen und fein hacken.

4 Das Öl erhitzen. Die Zwiebel und den Knoblauch darin andünsten. Die Paprikastücke hinzufügen und mitdünsten. Die weißen Bohnen abtropfen lassen und mit dem Rucola in den Topf geben.

5 Alles mit der Brühe ablöschen, mit Salz, Pfeffer und Cayennepfeffer abschmecken und zugedeckt 15 Min. schmoren, bis die Paprikawürfel gar sind.

6 Inzwischen den Ricotta mit dem Zitronensaft cremig rühren, salzen und pfeffern. Getrennt zum Eintopf servieren.
Dazu paßt frisches (Vollkorn-)Baguette.

TIP!

Ricotta ist ein italienischer Frischkäse aus Schaf- oder Kuhmilch. Man bekommt den cremigen Käse inzwischen in Packungen von 250 g in den Kühltheken in fast jedem Supermarkt. Oder im italienischen Feinkostgeschäft offen in beliebiger Menge.

Gesundes zum Sattessen

Wer Produkte aus kontrolliert ökologischem Anbau kauft, kann zumindest bei den anerkannten Produzenten sicher sein, daß keine schädlichen Insekten-, Unkrautvernichtungs- und Düngemittel eingesetzt wurden.

Einkaufen, was die Jahreszeit bietet

Der saisongerechte Einkauf ist ein Garant für gute Ware. Denn was im Freiland wächst, bekommt mehr Sonne und braucht weniger »Nachhilfe« beim Wachsen. Schadstoffe aus Regenwasser oder Boden gelangen natürlich auch in Produkte aus kontrolliertem Anbau.
Die folgenden Tips helfen, die Schadstoffbelastung so gering wie möglich zu halten.
• Von Blattsalaten und Kohl die äußeren am stärksten belasteten Blätter immer großzügig entfernen
• Gemüse und Obst aus konventionellem Anbau auch schälen.
• Gemüse immer gründlich waschen, dadurch können Sie beispielsweise bis zu 90 % des Bleis wegwaschen, das sich darauf gesammelt hat.

Nitrat, Nitrit, Nitrosamine

Nitrat kommt in Gemüse, vor allem in Salaten und Blattgemüse vor. Besonders viel Nitrat reichert sich an, wenn die Pflanzen wenig Licht bekommen (im Winter und im Gewächshaus). Nitrat kann wie im Verdauungstrakt durch Mikroorganismen in Nitrit umgewandelt werden. Ist die Nitritmenge hoch, können durch Verbindung mit Eiweißbausteinen im Körper krebserregende Nitrosamine entstehen. Vermeiden können Sie das durch saisongerechten Einkauf, durch Produkte aus kontrolliert ökologischem Anbau und indem Sie sich abwechslungsreich ernähren.

Hartweizen   Weizen   Dinkel   Grünkern

Gesundes zum Sattessen

Getreide

Getreide enthält wertvolle Vitamine, vor allem der B-Gruppe, Mineral- und Ballaststoffe, mehrfach ungesättigte Fettsäuren und biologisch hochwertiges Eiweiß. Selbstverständlich sind die Inhaltsstoffe im vollen Getreidekorn und den daraus hergestellten Produkten am besten erhalten. Wer jedoch absolut keine Vollkornnudeln mag, sollte ruhig Weißmehlnudeln essen. Vielleicht greifen Sie dafür häufiger zu Vollkornreis und essen auch gerne Brot aus dem voll ausgemahlenen Korn.
Bulgur ist vorgekochter, getrockneter und geschroteter Hartweizen. Sie bekommen ihn im Naturkostladen, im türkischen oder griechischen Feinkostgeschäft.
Weizen und Dinkel sind eng miteinander verwandt und haben gute Backeigenschaften.

Grünkern ist unreif geernteter und gedarrter Dinkel, er schmeckt besonders nussig.
Reis ist leicht verdaulich und enthält wichtige Vitamine und Mineralstoffe, vorausgesetzt, er ist ungeschält oder wurde vor dem Schälen einer speziellen Behandlung unterzogen (Parboiled Reis).
Hirse ist schnell gar, kann aber leicht bitter schmecken. Vermeiden können Sie das, wenn Sie die Körner gründlich kalt abspülen. Hirse enthält viel Magnesium und Eisen.
Mais gehört ebenfalls zum Getreide. In der Küche verwendet man vor allem die feinkörnige Polenta oder den gröberen Kukuruz.

Hülsenfrüchte

Hülsenfrüchte versorgen uns mit Ballaststoffen, wichtigen Vitaminen und Mineralstoffen.

Bohnen gibt es in den unterschiedlichsten Sorten getrocknet zu kaufen, ob nun die bekannten weißen, die roten Azukibohnen, schwarze Bohnen oder gesprenkelte Wachtelbohnen. In der Zubereitung unterscheiden sie sich nicht.
Erbsen werden getrocknet hauptsächlich für Suppen und Pürees verwendet, in Gemüsegerichten schmecken frische grüne Erbsen feiner.
Kichererbsen haben einen leicht nussigen Geschmack und werden vor allem in der arabischen und europäischen Mittelmeerküche verwendet.
Linsen werden in unterschiedlichen Sorten angeboten. Besonders gut schmecken kleine Linsen wie zum Beispiel die grünlich-braunen Puy-Linsen. Ebenfalls köstlich: Berglinsen und rote Linsen. Rote Linsen sind geschält und haben eine kurze Garzeit.

Ganz einfach – Beilagen aus Getreide

Als Beilage zu Gemüse schmecken nicht nur Kartoffeln, Nudeln und Reis, sondern auch andere Getreidegerichte ganz ausgezeichnet. Sie brauchen pro Person etwa 50 g rohe Getreidekörner.
• Bulgur, Hirse oder Buchweizen mit der doppelten Menge Wasser aufkochen und bei sehr schwacher Hitze zugedeckt in etwa 20 Min. ausquellen lassen.
• Hafer in einem Topf in Öl leicht anrösten. 1 gehackte Zwiebel hinzufügen. Mit gut der doppelten Menge Gemüsebrühe aufgießen und 1 Std. kochen. Dann 1 Std. nachquellen lassen.
• Grünkern in wenig Butter oder Öl anrösten. Mit der doppelten Menge Wasser ablöschen und zugedeckt bei schwacher Hitze in 40 Min. quellen lassen. Noch 1 Std. nachquellen lassen.

Getreide und Hülsenfrüchte liefern wertvolle B-Vitamine und Ballaststoffe.

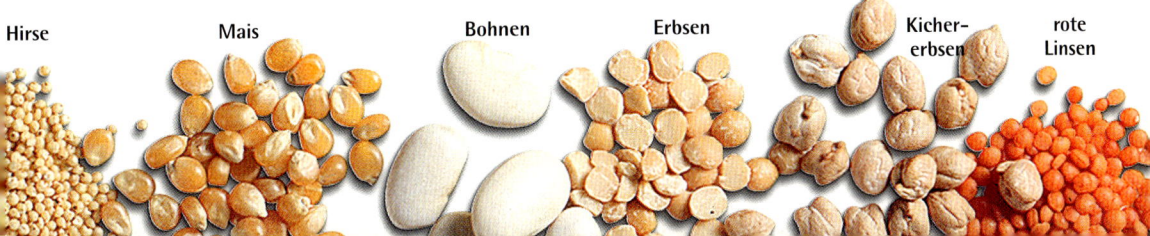

Hirse · Mais · Bohnen · Erbsen · Kichererbsen · rote Linsen

Kartoffel-Sauerkraut-Puffer mit Kümmelquark

- Winter
- Preiswert

Für 4 Personen:

Für die Puffer:
250 g Sauerkraut
750 g vorwiegend festkochende Kartoffeln
2 EL Sonnenblumenkerne
2 Eier · Salz
schwarzer Pfeffer
4 EL Mehl

Für den Quark:
1 Bund Schnittlauch
250 g Quark
100 g Sahne
Salz
schwarzer Pfeffer
1 TL Kümmelkörner
1 Prise gemahlener Kümmel

Außerdem:
2–3 EL Butterschmalz

Zubereitungszeit: 40 Min.
Pro Portion ca.: 1882 kJ/450 kcal
17 g EW/25 g F/37 g KH

1 Das Sauerkraut abtropfen lassen, mit einer Gabel fein zerpflücken und mit der Küchenschere grob zerkleinern. Die Kartoffeln waschen, schälen und auf der Rohkostreibe oder in der Küchenmaschine fein raspeln.

2 Das Sauerkraut und die Kartoffeln mit den Sonnenblumenkernen, den Eiern, Salz und Pfeffer sowie dem Mehl zu einem Teig verrühren.

3 Für den Quark den Schnittlauch waschen und in Röllchen schneiden. Mit dem Quark und der Sahne verrühren, mit Salz, Pfeffer, Kümmelkörnern und -pulver würzen.

4 Für die Puffer das Butterschmalz in einer oder besser in zwei Pfannen erhitzen. Von der Kartoffelmasse jeweils 1 EL in die Pfanne setzen und etwas flach streichen. Die Puffer bei mittlerer Hitze 5 Min. backen, dann wenden und weitere 5 Min. backen. Die Puffer frisch aus der Pfanne mit dem Kümmelquark servieren.

VARIANTEN

Statt Sauerkraut schmecken auch feingeschnittener Lauch oder Möhrenraspel gut. Den Kümmel im Quark können Sie durch 2 Bund Schnittlauch und 1 kräftige Prise rosenscharfes Paprikapulver ersetzen.

Pellkartoffeln mit Käse-Gemüse-Quark

- 🟢 Sommer
- 🔴 Preiswert

Für 4 Personen:

1 kg vorwiegend festkochende Kartoffeln
200 g Schafkäse (Feta)
250 g Quark
4 EL Joghurt
300 g Möhren, Paprika, Frühlingszwiebeln und Gurke gemischt
2 Knoblauchzehen
1 Bund Basilikum
Pfeffer · Salz

Zubereitungszeit: 35 Min.

Pro Portion ca.: 1506 kJ/360 kcal
24 g EW/10 g F/44 g KH

1 Die Kartoffeln unter fließendem Wasser gründlich waschen und in einen Topf geben. 3–4 cm hoch Wasser angießen und zum Kochen bringen. Die Kartoffeln bei mittlerer Hitze zugedeckt in 20–30 Min. weich garen.

2 Inzwischen den Schafkäse zerkrümeln und mit einer Gabel fein zerdrücken. Mit dem Quark und dem Joghurt in einer Schüssel vermischen.

3 Das Gemüse waschen. Die Möhren schälen, die Paprika und die Frühlingszwiebeln putzen, die Gurke nach Wunsch schälen. Das Gemüse in sehr feine Streifen oder in möglichst kleine Würfel schneiden. Den Knoblauch schälen und durch die Presse drücken. Das Basilikum waschen und die Blättchen in Streifen schneiden.

4 Das Gemüse mit dem Knoblauch und dem Basilikum unter den Käsequark mischen, mit Pfeffer und eventuell wenig Salz (der Schafkäse ist meist schon ausreichend salzig) abschmecken.

5 Die Kartoffeln abgießen, schälen und mit dem Quark servieren. Neue Kartoffeln können Sie auch mit Schale servieren.

VARIANTE

Statt Schafkäse schmeckt auch Roquefort oder anderer Edelpilzkäse gut im Quark.

Löwenzahnrisotto mit Tomaten-Käse-Creme

● Sommer
● Raffiniert

Für 4 Personen:

150 g Löwenzahn
2 Möhren
1 Zwiebel
2 Knoblauchzehen
2 EL Butter
1 EL Pinienkerne
400 g Risottoreis
1/4 l trockener Weißwein (ersatzweise Gemüsebrühe)
400 ml Gemüsebrühe (selbstgemacht, Seite 19, oder Instant)
300 g Tomaten
75 g Parmesan
Salz · Pfeffer
1 Msp. Honig

Zubereitungszeit: 1 Std.

Pro Portion ca.: 2748 kJ/657 kcal
20 g EW/13 g F/101 g KH

1 Den Löwenzahn waschen und putzen. Die Blätter in Streifen schneiden, die Stiele fein hacken. Die Möhren schälen und sehr fein würfeln. Die Zwiebel und den Knoblauch schälen und ebenfalls fein würfeln.

2 Die Hälfte der Butter in einem Topf erhitzen. Die Zwiebel und den Knoblauch darin glasig dünsten. Die Pinienkerne und den Reis dazugeben und kurz andünsten. Den Löwenzahn unter Rühren kurz mitdünsten.

3 Den Wein mit der Brühe und 400 ml Wasser mischen. Etwa ein Viertel davon zum Reis geben. Den Reis offen köcheln lassen, bis die Flüssigkeit verdampft ist. Dabei gelegentlich umrühren.

4 Das zweite Viertel der Flüssigkeit hinzufügen und ebenfalls einkochen lassen. Dann die übrige Brühe dazugeben und den Reis zugedeckt bei mittlerer Hitze noch 30 Min. garen. Dabei häufig durchrühren und eventuell Wasser dazugeben.

5 Inzwischen die Tomaten waschen und grob würfeln, dabei die Stielansätze entfernen. Den Parmesan in Würfel brechen oder schneiden. Tomaten und Parmesan im Mixer oder in der Küchenmaschine zu einer homogenen Creme verarbeiten. Mit Salz und Pfeffer abschmecken.

6 Die übrige Butter unter den Risotto mischen, mit Salz, Pfeffer und Honig abschmecken und in einer vorgewärmten Schüssel servieren. Die Tomaten-Käse-Creme dazu reichen.

Gemüse-Pilaw mit Tofu

● Sommer
● Gelingt leicht

Für 4 Personen:

200 g Tofu
2 EL Sojasauce
1 kleiner Zucchino
1 keine Aubergine
1 gelbe Paprikaschote
1 große Zwiebel
2 Knoblauchzehen
250 g Tomaten
5 EL Sonnenblumenöl
1 getrocknete Chilischote
1 Döschen gemahlener Safran
1/8 l Gemüsebrühe (selbstgemacht, Seite 19, oder Instant)
40 g Korinthen
250 g (Natur-)Langkornreis
40 g Pinienkerne
Salz
schwarzer Pfeffer
1/2 TL gemahlener Kreuzkümmel
1/2 Bund Dill

Zubereitungszeit: 50 Min.

Pro Portion ca.: 2275 kJ/544 kcal
15 g EW/21 g F/74 g KH

1 Den Tofu in etwa 1 cm große Würfel schneiden. Mit der Sojasauce mischen und ziehen lassen.

2 Den Zucchino, die Aubergine und die Paprika waschen, putzen und würfeln. Die Zwiebel und den Knoblauch schälen und fein hacken. Die Stielansätze der Tomaten entfernen. Die Tomaten mit kochendem Wasser überbrühen, häuten und vierteln. Die Tomaten dann möglichst klein würfeln.

3 In einer Pfanne 4 EL Öl erhitzen. Das Gemüse mit der Zwiebel und dem Knoblauch darin unter Rühren bei starker Hitze 4 Min. anbraten.

4 Die Chilischote zerkrümeln. Den Safran in der Gemüsebrühe anrühren. Die Brühe zum Gemüse gießen und aufkochen lassen. Die Chilischote, die Korinthen, den Reis, die Pinienkerne, die Tomaten und knapp 1/2 l Wasser dazugeben und alles mit Salz, Pfeffer und dem Kreuzkümmel pikant würzen.

5 Den Pilaw zugedeckt bei schwacher Hitze 25 Min. garen, bis der Reis gar ist. Vollkornreis braucht etwas länger. Dabei gelegentlich durchrühren und bei Bedarf noch etwas Wasser angießen.

6 Vor dem Servieren das restliche Öl erhitzen. Den Tofu darin rundherum knusprig braten. Den Dill waschen und ohne die groben Stiele fein hacken. Tofu und Dill auf den Pilaw geben. Den Pilaw sofort servieren.

TIPS!

Das schmeckt köstlich dazu: Joghurt mit Kreuzkümmel bestäuben und dazu reichen.
Tofu ist ein relativ milder Sojakäse aus der »Milch« von gelben Sojabohnen. Es gibt ihn in jedem Naturkostladen und Reformhaus, aber auch im Asienladen zu kaufen. Wer einen intensiveren Geschmack bevorzugt, nimmt Kräutertofu oder würzigen Räuchertofu.

Im Bild oben: Gemüse-Pilaw mit Tofu
Im Bild unten: Löwenzahnrisotto mit Tomaten-Käse-Creme

Bandnudeln mit Paprikaragout und Mozzarella

● Sommer
● Raffiniert

Für 4 Personen:

2 rote Paprikaschoten
1 gelbe Paprikaschote
4 Frühlingszwiebeln
2 Knoblauchzehen · Salz
400 g (Vollkorn-)Bandnudeln
2 EL Olivenöl
100 ml trockener Weißwein oder Gemüsebrühe
schwarzer Pfeffer
200 g Büffelmozzarella
Basilikumblättchen zum Garnieren

Zubereitungszeit: 1 Std.

Pro Portion ca.: 2259 kJ/540 kcal
26 g EW/16 g F/471 g KH

1 Den Backofen auf 250° vorheizen. Die Paprikaschoten waschen, halbieren und putzen. Die Schotenhälften mit den Schnittflächen nach unten auf ein Backblech legen und im Backofen (Mitte, Umluft 220°) 15–20 Min. backen, bis die Haut Blasen wirft.

2 Die Schoten kurz abkühlen lassen, häuten und in Streifen schneiden. Die Frühlingszwiebeln putzen, gründlich waschen und mit dem zarten Grün in feine Ringe schneiden. Den Knoblauch schälen und fein hacken.

3 Für die Nudeln reichlich Wasser mit Salz zum Kochen bringen. Die Nudeln darin nach Packungsaufschrift al dente kochen.

4 Inzwischen das Öl in einem Topf erhitzen. Die Frühlingszwiebeln und den Knoblauch darin glasig dünsten. Die Paprikastreifen hinzufügen und kurz andünsten. Dann mit dem Wein oder der Brühe aufgießen, mit Salz und Pfeffer würzen und zugedeckt bei mittlerer Hitze 3 Min. schmoren.

5 Den Mozzarella abtropfen lassen und in kleine Würfel schneiden. Das Basilikum waschen.

6 Den Käse auf das Paprikaragout geben. Die Nudeln abtropfen lassen und hinzufügen. Locker mischen und sofort in vorgewärmten Tellern mit dem Basilikum bestreut servieren.

> **TIP!**
> Gehäutete Paprikaschoten schmecken nicht nur feiner, sie sind auch leichter verdaulich.

Penne mit Wirsing-Nuß-Sauce

- Herbst
- Preiswert

Für 4 Personen:

500 g junger Wirsing
50 g Walnußkerne
2 Knoblauchzehen
1 Bund Petersilie · Salz
400 g (Vollkorn-)Penne
1 EL Butter
1/8 l Gemüsebrühe (selbstgemacht, Seite 19, oder mit etwas Wasser verdünnter Gemüsefond)
100 g Sahne · Pfeffer frisch geriebene Muskatnuß
1 Prise gemahlener Kümmel
75 g frisch geriebener Bergkäse oder Pecorino

Zubereitungszeit: 20 Min.

Pro Portion ca.: 2748 kJ/657 kcal
26 g EW/28 g F/78 g KH

1 Den Wirsing von allen welken Blättern und dem Strunk befreien, waschen, abtropfen lassen und in feine Streifen schneiden. Die Walnußkerne fein hacken. Den Knoblauch schälen und ebenfalls fein hacken. Die Petersilie waschen, die Blättchen abzupfen und kleinschneiden.

2 Für die Nudeln reichlich Wasser mit Salz zum Kochen bringen. Die Nudeln darin nach Packungsaufschrift bißfest kochen.

3 Schon während das Wasser heiß wird, die Butter in einem Topf erhitzen. Den Knoblauch und die Nüsse darin andünsten. Den Wirsing hinzufügen und kurz mitdünsten. Mit der Gemüsebrühe aufgießen und zugedeckt bei mittlerer Hitze 10 Min. garen, bis der Wirsing bißfest ist.

4 Dann die Sahne hinzufügen. Den Wirsing mit Salz, Pfeffer, Muskat und Kümmel würzen.

5 Die Nudeln abgießen, mit dem Käse und der Petersilie unter das Wirsinggemüse mischen. Sofort in vorgewärmten Tellern servieren.

> **TIP!**
> Statt Wirsing schmecken auch Spitzkohl oder Mangold sehr gut.

Gefüllte Tofuschnitten

● Sommer/Herbst
● Raffiniert

Für 4 Personen:

1 kleine Fenchelknolle
1 kleine Möhre
1 Knoblauchzehe
1/2 Bund Dill
1/2 unbehandelte Zitrone
Salz · schwarzer Pfeffer
500 g Tofu
4 EL Sesamsamen
4 EL Erdnußöl
Holzspießchen

Zubereitungszeit: 50 Min.
Pro Portion ca.: 1272 kJ/304 kcal
26 g EW/24 g F/8 g KH

1 Den Fenchel von den welken Blättern und den Stielen befreien, waschen und der Länge nach achteln. Den Strunk jeweils herausschneiden und den Fenchel sehr fein hacken. Die Möhre schälen und fein raspeln. Fenchel und Möhre mischen.

2 Den Knoblauch schälen und zum Gemüse pressen. Den Dill waschen und die Spitzen abschneiden. Die Zitrone heiß abwaschen, abtrocknen und die Schale abschneiden. Die Schale sehr fein hacken und mit dem Dill zum Gemüse geben. Mit Salz und Pfeffer abschmecken.

3 Den Tofu abtropfen lassen und in 4 gleich dicke Scheiben schneiden. Bei jeder Scheibe von einer Längsseite aus eine Tasche einschneiden. Dabei vorsichtig arbeiten, damit Sie den Tofu nicht ganz durchschneiden.

4 Die Gemüsemischung vorsichtig in die Tofutaschen füllen. Die Öffnungen jeweils mit einem Holzspießchen vorsichtig verschließen.

5 Die Tofuschnitten mit Salz und Pfeffer würzen und in den Sesamsamen wenden. Das Öl in einer großen Pfanne erhitzen. Die Tofuschnitten darin bei mittlerer Hitze pro Seite 5 Min. braten. Die Tofuschnitten heiß servieren.

> **TIP!**
> Zu den Tofuschnitten passen Bratkartoffeln oder Brot und eventuell ein gemischter Salat.

Grünkernklößchen in Thymian-Tomaten-Sauce

● Sommer
● Preiswert

Für 4 Personen:

Für die Klößchen:
200 g Grünkernschrot
1 Zwiebel
1 Knoblauchzehe
1 großes Bund Petersilie
1 TL abgeriebene unbehandelte Zitronenschale
1 Ei
5 EL (Vollkorn-)Semmelbrösel
Salz
schwarzer Pfeffer
Für die Thymian-Tomaten-Sauce:
600 g Tomaten
1/2 Bund Thymian
1 EL Pinienkerne
150 g Crème fraîche
Salz
schwarzer Pfeffer
Zum Braten:
3 EL Olivenöl

Zubereitungszeit: 50 Min.
Pro Portion ca.: 1979 kJ/473 kcal
13 g EW/26 g F/46 g KH

1 Den Grünkernschrot in einem Topf mit 400 ml Wasser einmal aufkochen, dann auf der abgeschalteten Kochstelle ausquellen und lauwarm abkühlen lassen.

2 Inzwischen die Zwiebel und den Knoblauch schälen und sehr fein hacken. Die Petersilie waschen und die Blättchen ebenfalls fein hacken.

3 Die Zwiebel mit dem Knoblauch, der Petersilie, der Zitronenschale, dem Ei und den Semmelbröseln zum Grünkern geben und alles mit Salz und Pfeffer abschmecken. Aus der Masse etwa walnußgroße Klößchen formen.

4 In einer Pfanne 2 EL Olivenöl erhitzen. Die Grünkernklößchen darin bei mittlerer Hitze 10 Min. braten. Dabei die Pfanne immer wieder rütteln, damit sie gleichmäßig bräunen. Die Klößchen aus der Pfanne nehmen und im Backofen bei 50° warm halten.

5 Während die Grünkernklößchen braten, für die Sauce die Stielansätze der Tomaten entfernen. Die Tomaten kurz überbrühen, häuten und vierteln. Die Tomaten dann fein hacken. Den Thymian waschen und die Blättchen von den Stielen streifen.

6 Das restliche Öl in die Pfanne geben. Die Pinienkerne und den Thymian darin andünsten. Die Tomaten hinzufügen und alles bei mittlerer Hitze 10 Min. köcheln lassen.

Dann die Crème fraîche untermischen und die Sauce mit Salz und Pfeffer abschmecken. Zu den Klößchen servieren.

TIP!

Wer Fett sparen möchte, kann die Grünkernklößchen auch in leise siedendem Salzwasser in 10 Min. gar ziehen lassen. Dann die Sauce gleichzeitig garen und zu den abgetropften Klößchen servieren.

Im Bild oben: Grünkernklößchen in Thymian-Tomaten-Sauce
Im Bild unten: Gefüllte Tofuschnitten

Polenta-Gnocchi mit Kräutererbsen

● Sommer
● Gelingt leicht

Für 4 Personen:

300 g Polenta (Maisgrieß)
Salz
1 Bund Frühlingszwiebeln
2 Knoblauchzehen
1 Bund gemischte Kräuter
1 unbehandelte Zitrone
1 EL Butter
300 g tiefgekühlte oder frisch ausgepalte Erbsen
1/8 l trockener Weißwein oder Gemüsebrühe
150 g Crème fraîche
schwarzer Pfeffer
50 g frisch geriebener Pecorino

Zubereitungszeit: 50 Min.

Pro Portion ca.: 2313 kJ/553 kcal
16 g EW/23 g F/68 g KH

1 In einem großen Topf 1100 ml Wasser mit 2 TL Salz zum Kochen bringen. Die Polenta einrieseln lassen. Bei sehr schwacher Hitze unter gelegentlichem Rühren 20 Min. garen. Die Polentamasse soll formbar, aber nicht zu trocken sein.

2 Die Frühlingszwiebeln putzen, gründlich waschen und mit dem zarten Grün sehr fein hacken. Den Knoblauch schälen und ebenfalls sehr fein hacken. Die Kräuter waschen und ohne die groben Stiele fein zerkleinern. Die Zitrone heiß waschen und abtrocknen. Die Schale dünn abschneiden und fein hacken.

3 Die Butter in einem Topf erhitzen. Die Frühlingszwiebeln mit dem Knoblauch unter Rühren darin andünsten. Die Erbsen mit der Zitronenschale und der Hälfte der Kräuter kurz mitdünsten. Mit dem Wein oder der Gemüsebrühe ablöschen und 5 Min. zugedeckt bei mittlerer Hitze dünsten. Den Backofen auf 50° vorheizen.

4 Inzwischen mit einem Eßlöffel Nocken von der Polentamasse abstechen und nebeneinander in eine feuerfeste Form legen. Im Backofen (Mitte, Umluft 50°) warm halten.

5 Die Crème fraîche zu den Erbsen geben, das Gemüse mit Salz und Pfeffer würzen. Die restlichen Kräuter unter die Erbsen mischen und auf den Gnocchi verteilen. Mit dem Käse bestreut servieren.

Grüner Spargel mit Eier-Tomaten-Sauce

● Frühjahr/Sommer
● Schnell

Für 4 Personen:

1 kg grüner Spargel
Salz
1 Prise Zucker
1 EL Zitronensaft
4 Eier
2 große Tomaten
1 Bund Basilikum
250 g saure Sahne
weißer Pfeffer

Zubereitungszeit: 25 Min.

Pro Portion ca.: 1213 kJ/290 kcal
20 g EW/18 g F/11 g KH

1 Den Spargel waschen und die Enden großzügig abschneiden. Die Stangen nur am unteren Ende dünn schälen, wenn sie dort hart sind.

2 In einem großen Topf reichlich Wasser mit dem Salz, dem Zucker und dem Zitronensaft zum Kochen bringen. Die Spargelstangen darin in 6–8 Min. bißfest kochen.

3 Während das Wasser heiß wird, die Eier in kochendem Wasser in 10 Min. hart kochen, kalt abschrecken, schälen und klein würfeln. Die Tomaten waschen und ebenfalls fein würfeln, dabei die Stielansätze entfernen. Das Basilikum waschen, die Blättchen abzupfen und in Streifen schneiden.

4 Die Eier, die Tomaten und das Basilikum mit der sauren Sahne mischen und mit Salz und Pfeffer abschmecken.

5 Den gegarten Spargel mit einer Schaumkelle aus dem Wasser heben und auf vorgewärmte Teller oder auf eine Platte geben. Mit der Sauce servieren.

Dazu passen außerdem neue Kartoffeln oder (Vollkorn-)Pfannkuchen.

Buchweizenbratlinge mit Selleriepüree

● Winter/Frühling
● Preiswert

Für 4 Personen:
Für die Bratlinge:
150 g Buchweizengrütze
300 ml Gemüsebrühe
(selbstgemacht, Seite 19, oder Instant)
1 Möhre
1 Schalotte
1 Bund Basilikum oder Rucola
2 Eier
3–4 EL (Vollkorn-) Semmelbrösel
Salz · Pfeffer
frisch geriebene Muskatnuß

Für das Selleriepüree:
700 g Knollensellerie
300 g mehligkochende Kartoffeln
Salz
2 EL Haselnußkerne
200 ml Milch
1 EL Butter
Pfeffer
4 Frühlingszwiebeln

Zum Braten:
2–3 EL Sonnenblumenöl

Zubereitungszeit: 1 Std.

Pro Portion ca.: 2338 kJ/559 kcal
19 g EW/22 g F/61 g KH

1 Die Buchweizengrütze mit der Gemüsebrühe in einem mittelgroßen Topf zum Kochen bringen und zugedeckt bei schwächster Hitze in 15 Min. ausquellen lassen.

2 Die Möhre schälen und fein raspeln. Die Schalotte schälen und sehr fein hacken. Das Basilikum oder den Rucola waschen und ohne die groben Stiele ebenfalls sehr fein zerkleinern.

3 Den Buchweizen etwas abkühlen lassen, dann mit der Möhre, der Schalotte, dem Basilikum oder dem Rucola, den Eiern und den Semmelbröseln vermengen. Mit Salz, Pfeffer und Muskat abschmecken.

4 Für das Püree den Sellerie und die Kartoffeln schälen und in kleine Würfel schneiden. Beides in einen Topf geben. Etwa 2 cm hoch Wasser angießen, salzen und zum Kochen bringen. Dann zugedeckt bei mittlerer Hitze in 20 Min. weich kochen.

5 Inzwischen die Haselnußkerne in der Küchenmaschine oder mit dem Gurkenhobel in feine Scheiben hobeln. Das geht auch gut mit dem Trüffelhobel. Die Haselnüsse in einer trockenen Pfanne unter Rühren bei mittlerer Hitze goldgelb rösten. Auf einen Teller geben.

6 Das Sonnenblumenöl in einer Pfanne erhitzen. Von der Buchweizenmasse mit einem Löffel Pflänzchen hineinsetzen und bei mittlerer Hitze pro Seite 5 Min. braten.

7 Inzwischen die Milch erhitzen. Den Sellerie und die Kartoffeln abgießen und mit dem Kartoffelstampfer fein zerdrücken. Mit der Milch und der Butter verrühren und mit Salz und Pfeffer abschmecken. Die Nüsse untermengen.

8 Die Frühlingszwiebeln putzen, gründlich waschen und mit dem zarten Grün in sehr feine Ringe schneiden.

9 Die Bratlinge mit dem Püree auf vorgewärmten Tellern anrichten, das Püree mit Frühlingszwiebelringen bestreuen. Dazu paßt außerdem der Orangen-Möhren-Salat (Rezept Seite 8).

VARIANTE

Gemüse-Tofu-Bratlinge
600 g gemischtes Gemüse (Kohlrabi, Möhren, Petersilienwurzeln und Lauch) waschen oder schälen und sehr fein raspeln. Die Flüssigkeit, die sich dabei bildet, abgießen. 2 Knoblauchzehen schälen und dazupressen. 250 g Tofu mit einer Gabel zerdrücken und ebenfalls hinzufügen. 1 TL abgeriebene unbehandelte Zitronenschale, 1 Bund fein gehacktes Basilikum, 1 Ei, 5 EL (Vollkorn-)Semmelbrösel, Salz und Pfeffer dazugeben und alles zu einem gebundenen Teig verkneten. Zu Pflänzchen formen und in einer Pfanne in 2–3 EL Öl bei mittlerer Hitze pro Seite 5 Min. braten.

Gedämpfte Gemüse mit Senfschaum

- Frühjahr/Sommer
- Raffiniert

Für 4 Personen:

1,2 kg gemischtes Gemüse (kleine junge Möhren, weiße Rübchen, Kohlrabi, Zucchini und junge rote Beten)
1/4 l Gemüsebrühe (selbstgemacht, Seite 19, oder Gemüsefond)
1 Lorbeerblatt
2 Wacholderbeeren
1 Gewürznelke
2 Eier
2 EL grobkörniger Senf
2 EL Butter
Salz · schwarzer Pfeffer
1 Prise gemahlener Kümmel
Butter für den Dämpfeinsatz

Zubereitungszeit: 35 Min.
Pro Portion ca.: 1104 kJ/264 kcal
12 g EW/13 g F/25 g KH

1 Die Gemüse putzen und schälen oder waschen. Die Möhren ganz lassen, die Rübchen und die Kohlrabi in Stifte von etwa 1 cm Dicke schneiden, die Zucchini in etwa 1 cm dicke Scheiben und die roten Beten in Stifte von etwa 1/2 cm Dicke schneiden.

2 Einen Dämpfeinsatz mit Butter ausstreichen. Die Gemüsebrühe in einen Topf geben, der so groß sein muß, daß der Dämpfeinsatz darin Platz hat. Lorbeerblatt, Wacholderbeeren und Gewürznelke dazugeben.

3 Die Flüssigkeit zum Kochen bringen und den Dämpfeinsatz hineinstellen. Das Gemüse zugedeckt bei mittlerer bis starker Hitze in 10–15 Min. bißfest garen.

4 Dann die Flüssigkeit durch ein Sieb in einen anderen Topf umgießen (das Gemüse im Topf zugedeckt warm halten).

5 Den Topf vom Herd nehmen. Die Eier mit dem Senf und der Butter unter die Flüssigkeit schlagen und unter ständigem Rühren nochmals bis kurz vor den Siedepunkt erhitzen, aber nicht mehr aufkochen lassen. Die Sauce wird dabei sämig. Mit Salz, Pfeffer und Kümmel abschmecken.

6 Das Gemüse auf vorgewärmte Teller verteilen und die Sauce daneben anrichten oder getrennt dazu servieren.
Dazu passen Salzkartoffeln oder auch frisches (Vollkorn-)Baguette.

Auberginenrouladen mit Schafkäse-Füllung

- Sommer
- Raffiniert

Für 4 Personen:

2 längliche Auberginen (etwa 700 g)
Salz
je 1 rote, gelbe und grüne Paprikaschote
1 weiße Zwiebel
2 Tomaten
150 g Schafkäse
2 EL Quark oder Ricotta
1 EL Pesto
je 1 Bund Basilikum und Petersilie
2 Knoblauchzehen
schwarzer Pfeffer
5 EL Olivenöl
100 ml Gemüsebrühe (selbstgemacht, Seite 19, oder Gemüsefond)
1 Prise Zuckerrohrgranulat
Holzspießchen

Zubereitungszeit: 1 Std.
Pro Portion ca.: 1163 kJ/278 kcal
12 g EW/19 g F/16 g KH

1 Die Auberginen waschen, abtrocknen, vom Stielansatz befreien und die Seiten gerade schneiden. Die Auberginen der Länge nach in dünne Scheiben schneiden. Die Auberginenscheiben salzen und 30 Min. ziehen lassen. Die Auberginenabschnitte für ein anderes Gericht, z. B. eine Nudelsauce, verwenden.

2 Inzwischen die Paprikaschoten waschen, halbieren und putzen. Die Schoten in kleine Würfel schneiden. Die Zwiebel schälen, halbieren und in feine Scheiben teilen. Die Stielansätze der Tomaten entfernen. Die Tomaten kurz überbrühen, häuten und vierteln. Dann fein würfeln.

3 Den Schafkäse zerkrümeln, mit einer Gabel zerdrücken und mit dem Quark oder Ricotta und dem Pesto verrühren. Die Kräuter waschen, die Blättchen sehr fein schneiden. Den Knoblauch schälen und durch die Presse drücken.

4 Kräuter und Knoblauch zur Schafkäsecreme geben und diese mit Pfeffer abschmecken. Salz werden Sie nicht brauchen, da der Käse salzig genug ist.

5 Die Auberginenscheiben mit Küchenpapier trockentupfen. Die Paste auf die Auberginenscheiben streichen, diese aufrollen und die Enden mit Holzspießchen feststecken.

6 In einem Topf 1 EL Öl erhitzen. Die Zwiebel dar-

in andünsten. Die Paprikawürfel kurz mitdünsten. Die Tomaten untermischen, mit der Gemüsebrühe ablöschen und mit Salz, Pfeffer und dem Zuckerrohrgranulat abschmecken.

7 Das Gemüse zugedeckt bei mittlerer Hitze 12 Min. dünsten, bis es bißfest ist.

8 Inzwischen in einer Pfanne das übrige Öl erhitzen. Die Auberginenrouladen darin bei mittlerer Hitze in 10 Min. rundherum braun braten.

9 Die Rouladen mit dem Paprikagemüse servieren. Dazu paßt (Vollkorn-)Baguette oder auch Reis.

TIP!
Wenn Ihnen das Rollen der Scheiben schwerfällt, klappen Sie die Scheiben einfach einmal zusammen. Die Scheiben dann portionsweise oder in zwei Pfannen gleichzeitig braten, da sie mehr Platz brauchen als die Rouladen.

Im Bild oben: Auberginenrouladen mit Schafkäse-Füllung
Im Bild unten: Gedämpfte Gemüse mit Senfschaum

Knuspriges aus dem Backofen

Gerichte aus dem Backofen lassen sich wunderbar vorbereiten und brauchen während der Garzeit keine Aufsicht.

Energiesparend backen und kochen

Außer Soufflés, die wirklich in den heißen Ofen müssen, damit sie gut aufgehen, können Sie alle anderen Backofengerichte bereits beim Anheizen des Ofens mit hineinstellen. Die Garzeit verkürzt sich dann um 5 Minuten. Moderne Öfen 5–10 Minuten vor dem eigentlichen Garzeitende ausschalten, sie halten die Hitze ausreichend lange. Topf und Herdplatte sollten den gleichen Durchmesser haben. Kocht man mit einem kleinen Topf auf einer zu großen Herdplatte, geht wertvolle Energie verloren. Gemüse in wenig Flüssigkeit zugedeckt garen. Das verkürzt die Garzeit, und die Inhaltsstoffe bleiben besser erhalten.

So schmecken Auflauf & Co.

Für Aufläufe und Gratins sind Eier und Käse wichtige Zutaten: Eier geben Bindung, Käse Geschmack.

Käse

Für alle Backofengerichte sollte Käse zwei Bedingungen erfüllen: Er muß fein schmecken und soll gut schmelzen.

<u>Mozzarella</u> schmilzt schön cremig und schmeckt besonders mild. Es gibt ihn aus Kuh- und Büffelkuhmilch zu kaufen.

<u>Edelpilzkäse</u> wie Roquefort und Gorgonzola schmecken dagegen sehr würzig, schmelzen aber ebenfalls ausgezeichnet.

<u>Hartkäse</u> wie Bergkäse, Greyerzer oder Appenzeller sind kräftig im Geschmack und schmelzen sehr gut. Diese Käsesorten sollten Sie immer frisch gerieben verwenden, damit sie ihr Aroma voll entfalten können.

Käse gibt Aufläufen und Gratins Geschmack und eine knusprige Kruste.

Knuspriges aus dem Backofen

Eier

Sie geben Bindung und Geschmack. Wichtig bei Eiern ist vor allem die Frische. Rohe Eier können Salmonellen enthalten, die allerdings beim Erhitzen vollständig zerstört werden. Damit Sie sich nicht mit Salmonellen infizieren, sollten Sie Massen und Teige am besten abschmecken, bevor Sie die Eier untermischen. Und: Alle Geräte und Bestecke, die mit der Eimasse in Berührung kamen, immer sofort mit heißem Wasser gründlich spülen. Wer ganz sicher gehen will, macht den Frischetest beim Ei. Die Luftkammer innerhalb des Eis vergrößert sich, je älter es wird. Sichtbar wird das beim Frischetest in Wasser. Füllen Sie ein ausreichend großes Glas mit Wasser und legen Sie das Ei hinein. Ein frisches Ei bleibt darin flach liegen. Bei einem etwa 1 Woche alten Ei zeigt die flache Seite, in der sich die Luftkammer befindet, leicht schräg nach oben. Richtet es sich ganz auf, ist es 2–4 Wochen alt. Solche Eier können Sie nur noch zum Kochen oder Backen verwenden. Nach 5–6 Wochen ist die Luftkammer so groß, daß das Ei an der Wasseroberfläche schwimmt. Dann sollten Sie es wegwerfen.
Übrigens: Eier werden jetzt nicht mehr nach den bekannten Gewichtsklassen unterteilt, sondern in S für small (klein), M für medium (mittel) und L für large (groß) angeboten. Gelegentlich findet man auch XL (extra large), also sehr große Eier. Für die Backofengerichte in diesem Buch wurden mittelgroße Eier verwendet.

Tips für die Zubereitung

- Das Fetten der Form ist bei allen Backofengerichten unnötig.
- Butterflöckchen auf der Oberfläche von Aufläufen und Gratins sorgen nebendem feinen Aroma für eine appetitliche Kruste.
- Zutaten wie Nudeln, Reis und anderes Getreide vor dem Überbacken immer kochen, sie werden sonst nicht weich.
- Hartfaserige Gemüse wie Fenchel, Kohlarten und Rüben vor dem Einschichten vorgaren. Blattgemüse, wie Spinat oder Mangold, vor dem Überbacken blanchieren, damit sich nicht zuviel Flüssigkeit in Auflauf oder Gratin bildet.
- Weiche Gemüse wie Zucchini, Tomaten, Paprika und Pilze, aber auch Kartoffeln können roh eingeschichtet werden.
- Bereits gegarte Zutaten kann man mit weniger Flüssigkeit in die Form geben und mit Käse überbacken – die Garzeit ist dann kürzer.
- Aufläufe, Lasagne und Quiches sollten Sie nach dem Backen mindestens 10 Min. ruhen lassen.

Reste aufbewahren und erwärmen

Reste von Aufläufen, Lasagne und Co. können Sie in einem Plastikgefäß im Kühlschrank wenige Tage aufbewahren oder aber tiefgefrieren.
Aus dem Kühlschrank geben Sie das Gericht in eine feuerfeste Form und verschließen es mit einem Deckel oder mit Alufolie. Dann zugedeckt im heißen Ofen bei 200° 10–15 Min. erhitzen, bis es durch und durch warm ist. Der Deckel ist wichtig, damit das Gericht nicht trocken wird.
Tiefgefrorenes schieben Sie tiefgekühlt und ohne Deckel schon beim Vorheizen mit in den Ofen.

Frischetest für Eier. Frische Eier sinken in einem Glas mit Wasser zu Boden, 2–4 Wochen alte Eier richten sich auf, verdorbene Eier schwimmen oben.

Kartoffel-Mangold-Kuchen

- Sommer/Herbst
- Raffiniert

Für 4 Personen:

600 g vorwiegend festkochende Kartoffeln
500 g Mangold
Salz
1 grüne Peperoni (aus dem Glas)
2 Knoblauchzehen
1 Bund Majoran
schwarzer Pfeffer
frisch geriebene Muskatnuß
125 g Mozzarella
10 getrocknete, in Öl eingelegte Tomaten
100 g Bergkäse
250 g Sahne
2 Eier
2 EL Sonnenblumenkerne
1 EL Butter

Zubereitungszeit: 45 Min.
Backzeit: 35–40 Min.

Pro Portion ca.: 3305 kJ/790 kcal
37 g EW/46 g F/66 g KH

1 Kartoffeln waschen und in wenig Wasser zugedeckt in 20–30 Min. weich kochen.

2 Mangold waschen und abtropfen lassen. Die Blätter hacken, die Stiele in feine Streifen schneiden. Reichlich Salzwasser zum Kochen bringen. Die Stiele darin 2 Min. blanchieren. Die Blätter dazugeben, alles weitere 2 Min. blanchieren. Abgießen, kalt abschrecken und abtropfen lassen.

3 Die Peperoni fein hacken. Den Knoblauch schälen und fein hacken. Den Majoran waschen, die Blättchen abzupfen. Mangold, Peperoni, Majoran und Knoblauch mischen, mit Salz, Pfeffer und Muskat würzen.

4 Die Kartoffeln abgießen, etwas abkühlen lassen, schälen und in Scheiben schneiden. Den Backofen auf 200° vorheizen.

5 Mozzarella und Tomaten abtropfen lassen und würfeln. Den Bergkäse reiben. Die Sahne mit den Eiern verrühren, den Bergkäse untermischen, salzen und pfeffern.

6 Kartoffeln und Mangold lagenweise in die Form schichten. Jede Schicht mit Salz und Pfeffer würzen. Mit Mozzarella- und Tomatenwürfeln belegen.

7 Den Kartoffel-Mangold-Kuchen mit der Eiersahne begießen, mit Sonnenblumenkernen bestreuen und mit der Butter in Flöckchen belegen. Im Backofen (Mitte, Umluft 180°) 35–40 Min. backen, bis die Oberfläche schön gebräunt ist.

Gefüllte Kohlrabi

- Frühjahr/Sommer
- Raffiniert

Für 4 Personen:

4 Kohlrabi
Salz
1 Bund Frühlingszwiebeln
150 g Egerlinge
2 Knoblauchzehen
1 Bund Majoran
1 EL Butter
150 g Sahne
1 Scheibe Vollkorntoast
1 unbehandelte Zitrone
50 g frisch geriebener Bergkäse
schwarzer Pfeffer
100 ml Gemüsebrühe (selbstgemacht, Seite 19, oder Instant)

Zubereitungszeit: 35 Min.
Backzeit: 30–35 Min.

Pro Portion ca.: 1200 kJ/287 kcal
11 g EW/20 g F/20 g KH

1 Die Kohlrabi schälen, zarte Kohlrabiblättchen beiseite legen. In einem Topf reichlich Salzwasser zum Kochen bringen. Die Kohlrabi darin zugedeckt 15 Min. köcheln lassen. Dann kalt abschrecken und abtropfen lassen.

2 Inzwischen die Frühlingszwiebeln putzen, waschen und mit dem zarten Grün fein hacken. Die Egerlinge putzen und fein würfeln. Den Knoblauch schälen und fein hacken. Den Majoran waschen, die Blättchen etwas zerkleinern.

3 Die Butter in einer Pfanne erhitzen. Die Frühlingszwiebeln, die Pilze und den Knoblauch darin unter Rühren andünsten. Mit der Hälfte der Sahne ablöschen. Den Majoran untermischen und alles bei mittlerer Hitze 5 Min. dünsten.

4 Von den Kohlrabi je einen Deckel abschneiden. Die Kohlrabi mit einem Kugelausstecher bis auf einen Rand von knapp 1 cm Dicke aushöhlen. Das ausgehöhlte Kohlrabifleisch fein würfeln. 2 EL davon unter die Pilzmasse mischen.

5 Das Kohlrabigrün fein hacken. Das Toastbrot in sehr feine Würfel schneiden. Die Zitrone heiß abwaschen, die Schale dünn abschneiden und fein hacken. Alles mit der Pilzfüllung und dem Käse mischen und mit Salz und Pfeffer abschmecken.

6 Den Backofen auf 180° vorheizen. Die Pilzmasse in die Kohlrabi füllen, diese nebeneinander in eine feuerfeste Form stellen (eventuell die Knollen am Boden leicht flach schneiden, damit sie gut stehen).

7 Die Gemüsebrühe mit der übrigen Sahne und dem restlichen ausgehöhlten Kohlrabifleisch mischen und neben den Kohlrabi verteilen.

8 Die Kohlrabi im Backofen (Mitte, Umluft 160°) 30–35 Min. backen, bis sie schön gebräunt sind. Dazu paßt frisches (Vollkorn-)Baguette oder auch Kartoffelpüree.

Im Bild oben: Gefüllte Kohlrabi
Im Bild unten: Kartoffel-Mangold-Kuchen

Gemüsestrudel mit Zitronen-Sabayon

● Sommer/Herbst
● Raffiniert

Für 4 Personen:

Für den Teig:
200 g Mehl (Type 405 oder 1050)
Salz
3 EL Sonnenblumenöl
1 Eigelb
Für die Füllung:
1 Stange Lauch
1 Kohlrabi
1 Fenchelknolle
2 Knoblauchzehen
2 Bund Rucola
200 g Champignons
1 EL Butterschmalz
Salz
schwarzer Pfeffer
1 TL Paprika, edelsüß
1 EL Sonnenblumenkerne
200 g Crème fraîche
Für den Sabayon:
3 Eigelb
Salz
1 TL scharfer Senf
1/8 l trockener Weißwein
1/4 l Gemüsebrühe (selbst gekocht, Seite 19, oder leicht verdünnter Gemüsefond)
2 EL Zitronensaft
schwarzer Pfeffer
Außerdem:
3 EL flüssige Butter
Mehl
Streifen von unbehandelter Zitronenschale

Zubereitungszeit: 1 Std.
Backzeit: 50 Min.

Pro Portion ca.: 2907 kJ/695 kcal
29 g EW/43 g F/56 g KH

1 Für den Teig das Mehl mit 1 kräftigen Prise Salz, dem Öl, dem Eigelb und etwa 80 ml lauwarmem Wasser zu einem glatten, geschmeidigen Teig verkneten.

2 Den Teig zu einer Kugel formen, in Pergamentpapier wickeln und in eine heiße Schüssel legen. Dafür die Schüssel mit kochendem Wasser füllen und das Wasser wieder abgießen. Den Teig 30 Min. ruhen lassen.

3 Inzwischen für die Füllung den Lauch putzen und der Länge nach aufschneiden. Dann sehr gründlich unter fließendem Wasser waschen und mit dem hellen Grün in sehr feine Streifen schneiden. Den Kohlrabi schälen und in feine Stifte schneiden oder raspeln. Den Fenchel waschen, putzen und der Länge nach vierteln. Den Strunk jeweils herausschneiden und den Fenchel in sehr feine Scheiben teilen. Den Knoblauch schälen und fein hacken. Den Rucola waschen, trockenschwenken und in feine Streifen schneiden.

4 Die Pilze putzen und in Scheiben schneiden. In einer Pfanne das Butterschmalz erhitzen. Die Pilze darin unter Rühren einige Minuten braten. Falls sich dabei Flüssigkeit bildet, diese wieder einkochen lassen. Die Pilze mit dem Gemüse, dem Rucola und dem Knoblauch in einer Schüssel mischen, mit Salz, Pfeffer und Paprikapulver abschmecken.

5 Den Backofen auf 200° vorheizen. Eine feuerfeste Form mit etwas flüssiger Butter ausstreichen. Den Teig halbieren. Die erste Portion auf einem bemehlten Küchentuch dünn ausrollen, dann über den bemehlten Handrücken so dünn wie möglich ausziehen.

6 Den Teig mit etwas von der flüssigen Butter bestreichen. Mit der Hälfte der Gemüsemischung belegen, dabei rundum einen etwa 2 cm breiten Rand frei lassen, das Gemüse mit der Hälfte der Sonnenblumenkerne bestreuen und mit der Hälfte der Crème fraîche bestreichen.

7 Die Teigränder über die Füllung nach innen klappen. Das Tuch an einer Seite etwas anheben und den Strudel auf diese Weise aufrollen.

Knuspriges aus dem Backofen 49

8 Den Strudel in die gefettete Form gleiten lassen. Die zweite Teigportion ebenso ausrollen, füllen, aufrollen und in die Form geben. Die Strudel mit der übrigen Butter bestreichen.

9 Die Strudel im Backofen (Mitte, Umluft 180°) 50 Min. backen, bis sie schön gebräunt sind.

10 Den fertigen Strudel im abgeschalteten Ofen ruhen lassen. Die Eigelbe mit 1 Prise Salz und dem Senf in einer Metallschüssel mit den Schneebesen des elektrischen Handrührgerätes aufschlagen.

11 Die Schüssel in ein heißes Wasserbad stellen. Den Wein und die Gemüsebrühe mischen und unter ständigem Rühren langsam zur Eigelbcreme geben. Weiterschlagen, bis die Sauce dickflüssig wird.

12 Die Sauce mit dem Zitronensaft, Salz und Pfeffer abschmecken und in eine Sauciére füllen. Mit der Zitronenschale garnieren und getrennt zu den Strudeln servieren.

Gratinierter Fenchel mit Tomatenhaube

🟢 Sommer
🟣 Gelingt leicht

Für 4 Personen:

4 junge Fenchelknollen
Salz
4 Tomaten
1 Bund Petersilie
1 Bund Frühlingszwiebeln
1 Knoblauchzehe
100 g Ricotta oder weicher Frischkäse
75 g frisch geriebener Pecorino oder Parmesan
4 EL (Vollkorn-)Semmelbrösel
2 EL Olivenöl
schwarzer Pfeffer
1 Prise Cayennepfeffer

Zubereitungszeit: 35 Min.
Backzeit: 25–30 Min.

Pro Portion ca.: 950 kJ/227 kcal
15 g EW/36 g F/38 g KH

1 Den Fenchel putzen und der Länge nach vierteln. Den Strunk jeweils nur so abschneiden, daß die Blätter noch zusammenhalten. Zartes Fenchelgrün hacken.

2 Reichlich Salzwasser zum Kochen bringen. Den Fenchel darin 6 Min. blanchieren, dann kalt abschrecken und gut abtropfen lassen.

3 Die Stielansätze der Tomaten entfernen. Die Tomaten kurz überbrühen, häuten und vierteln. Dann fein würfeln. Die Petersilie waschen, die Blättchen fein hacken. Die Frühlingszwiebeln putzen, gründlich waschen und mit dem zarten Grün in feine Ringe schneiden. Den Knoblauch schälen und durch die Presse drücken.

4 Den Backofen auf 200° vorheizen. Den Ricotta oder den Frischkäse mit den Tomaten, der Petersilie, dem Fenchelgrün, dem Knoblauch, den Frühlingszwiebeln, dem Pecorino oder dem Parmesan, den Semmelbröseln und dem Olivenöl verrühren und mit Salz, Pfeffer und Cayennepfeffer abschmecken.

5 Die Fenchelviertel in eine feuerfeste Form füllen. Die Tomatenhaube darauf verteilen. Den Fenchel im Backofen (Mitte, Umluft 180°) 25–30 Min. backen, bis er schön gebräunt ist.

Chicorée-Kartoffel-Gratin

● Herbst/Winter
● Preiswert

Für 4 Personen:

400 g Chicorée
2 Schalotten
2 Knoblauchzehen
1/2 Bund Thymian
800 g mehligkochende Kartoffeln
Salz
weißer Pfeffer
200 g Crème fraîche
100 g Sahne
Saft von 1 kleinen Zitrone
100 g frisch geriebener Bergkäse

Zubereitungszeit: 30 Min.
Backzeit: 45 Min.

Pro Portion ca.: 2242 kJ/536 kcal
15 g EW/36 g F/38 g KH

1 Die Chicoréestauden waschen und in feine Ringe schneiden. Die Schalotten und den Knoblauch schälen und sehr fein hacken. Den Thymian waschen und die Blättchen von den Stielen streifen.

2 Die Kartoffeln schälen, waschen und mit dem Gurkenhobel in feine Scheiben teilen.

3 Den Backofen auf 180° vorheizen. Die Kartoffeln und den Chicorée lagenweise in eine flache feuerfeste Form schichten. Dabei jede Lage mit Schalotten, Knoblauch und Thymianblättchen bestreuen und mit Salz und Pfeffer würzen.

4 Die Crème fraîche mit der Sahne und dem Zitronensaft verrühren und über die Zutaten in der Form gießen. Mit dem Käse bestreuen.

5 Das Gratin im Backofen (Mitte, Umluft 160°) 45 Min. backen, bis die Kartoffeln weich sind und die Oberfläche schön gebräunt ist.
Dazu schmeckt gemischter Salat, aber auch Getreidebratlinge (Rezepte Seiten 36 und 40) passen gut dazu.

VARIANTE

Die Kartoffeln können Sie ganz oder zur Hälfte durch Knollensellerie oder Kohlrabi ersetzen.

Zwiebelquiche mit Kümmel

- Winter
- Preiswert

Für eine Form von 28 cm ø

Für den Teig:
200 g Weizen(vollkorn)mehl
100 g Butter
1/2 TL Salz
2 EL saure Sahne

Für den Belag:
1 kg rote und gelbe Zwiebeln, gemischt
2 EL Sonnenblumenöl
2 Knoblauchzehen
2 TL Kümmelkörner
einige Zweige frischer Majoran
1 Bund Schnittlauch
Salz · Pfeffer
100 g frisch geriebener Bergkäse
200 g saure Sahne
4 Eier

Zubereitungszeit: 30 Min.
Kühlzeit: 1 Std.
Backzeit: 40 Min.

Bei 12 Stück pro Stück ca.:
1025 kJ/245 kcal
9 g EW/15 g F/19 g KH

1 Für den Teig das Mehl mit der Butter, dem Salz, der sauren Sahne und 1–2 EL kaltem Wasser zu einem glatten Teig verkneten. Zwischen zwei Lagen Klarsichtfolie rund und dünn ausrollen, eine Springform damit auskleiden. Den Teig in der Form 1 Std. kalt stellen.

2 Inzwischen für den Belag die Zwiebeln schälen, der Länge nach halbieren und in Streifen schneiden. Das Öl in einer Pfanne erhitzen. Die Zwiebeln darin bei mittlerer Hitze unter gelegentlichem Rühren 10 Min. dünsten.

3 Den Knoblauch schälen und zu den Zwiebeln pressen. Den Kümmel untermischen. Den Majoran waschen, die Blättchen abzupfen und zu den Zwiebeln geben. Den Schnittlauch waschen und in Röllchen schneiden. Ebenfalls zu den Zwiebeln geben, mit Salz und Pfeffer abschmecken.

4 Den Backofen auf 200° vorheizen. Käse, saure Sahne und Eier gründlich verrühren, mit Salz und Pfeffer abschmecken.

5 Die Zwiebelmasse auf dem gekühlten Teigboden verteilen und mit der Eiersahne übergießen. Die Quiche im Backofen (Mitte, Umluft 180°) 40 Min. backen, bis sie schön gebräunt ist. Die Quiche reicht für 4 Personen und schmeckt lauwarm am besten.

Gemüselasagne

- Sommer
- Raffiniert

Für 4–6 Personen:
1 Aubergine
2 Zucchini
je 1 gelbe und rote Paprikaschote
1 Fenchelknolle
2 rote Zwiebeln
6 EL Olivenöl
4 Knoblauchzehen
je 1 Bund Basilikum und Rucola
700 g Tomaten
200 g Doppelrahm-Frischkäse
100 g frisch geriebener Pecorino oder Parmesan
Salz · weißer Pfeffer
Cayennepfeffer
125 g Mozzarella
200 g Lasagneplatten (ohne Vorkochen)

Zubereitungszeit: 1 1/4 Std.
Backzeit: 35–40 Min.

Bei 6 Personen pro Portion ca.:
3028 kJ/724 kcal
44 g EW/39 g F/62 g KH

1 Die Aubergine und die Zucchini waschen, von Stiel- und Blütenansatz befreien und in dünne Scheiben schneiden. Die Paprika waschen, halbieren und putzen, dann in Streifen teilen. Den Fenchel waschen, putzen und der Länge nach halbieren. Den Strunk jeweils herausschneiden, den Fenchel in dünne Scheiben teilen. Die Zwiebeln schälen und in Ringe schneiden.

2 In einer Pfanne nach und nach 4 EL Olivenöl erhitzen und die Gemüse darin portionsweise jeweils bei mittlerer Hitze in 2–3 Min. anbraten, wieder herausnehmen und beiseite stellen. So verfahren, bis das ganze Gemüse gegart ist.

3 Den Knoblauch schälen und sehr fein hacken. Die Kräuter waschen und ohne die groben Stiele sehr fein zerkleinern.

4 Die Stielansätze der Tomaten entfernen. Die Tomaten kurz überbrühen, häuten und vierteln. Die Tomaten dann sehr fein würfeln und mit dem Frischkäse und dem Pecorino verrühren. Mit Salz, Pfeffer und Cayennepfeffer pikant würzen. Den Mozzarella abtropfen lassen und in dünne Scheiben schneiden.

5 Den Backofen auf 200° vorheizen. Eine eckige feuerfeste Form lagenweise mit Nudelplatten und Gemüse füllen. Dabei mit Nudelplatten beginnen und mit Gemüse abschließen. Jede Gemüselage mit Salz und Pfeffer würzen, mit Knoblauch und Kräutern bestreuen und mit Tomatencreme bedecken.

6 Zum Schluß den Mozzarella auf die Oberfläche legen und das übrige Olivenöl darüber träufeln. Die Lasagne im heißen Ofen (Mitte, Umluft 180°) 35–40 Min. backen, bis die Nudelplatten weich sind und die Oberfläche schön gebräunt ist.

Im Bild oben: Zwiebelquiche mit Kümmel
Im Bild unten: Gemüselasagne

Süßes – nicht nur zum Dessert

Alle Süßspeisen sind vegetarisch und müßten daher nicht unbedingt in ein vegetarisches Buch. Aber was wäre ein Kochbuch ohne Süßspeisen, deshalb finden Sie hier einige Rezepte für das süße Frühstück, das feine Dessert oder das kleine süße Hauptgericht. Denn, wer vegetarisch ißt, braucht auf Süßes nicht zu verzichten.

Ahornsirup, Honig und Zuckerrohrgranulat süßen und geben Speisen zusätzlich ein feines Aroma.

Alternative Süßungsmittel

Wer sich gesund ernähren möchte, sollte grundsätzlich eines beachten: Egal, ob Zucker, Honig oder Ahornsirup – gesund sind sie alle nicht und sollten deshalb in Maßen genossen werden.

Honig enthält zwar im Vergleich zu Zucker noch einige Vitamine und Mineralstoffe, man kann aber seinen Bedarf daran nicht mit Honig decken. Honig ist für die Zähne zum Teil sogar noch schlechter als Zucker, da er sehr klebrig ist. Verwenden Sie Honig weniger zum Süßen als vielmehr, um den Speisen zusätzlich Geschmack zu geben.

Mit Ahornsirup verhält es sich ähnlich. Er süßt stark und klebt an den Zähnen, gibt den Gerichten aber ein feines Aroma.

Zuckerrohrgranulat ist der ausgepreßte und getrocknete Saft des Zuckerrohrs. Er enthält mehr Vitamine als Zucker und gibt den Speisen einen leichten Karamelgeschmack. Zuckerrohrgranulat bekommen Sie in Naturkostläden und Reformhäusern.

Süßes – nicht nur zum Dessert

So können Sie Zucker sparen

- Einige Trockenfrüchte, z.B. Pflaumen oder Aprikosen, einweichen und dann pürieren. Dieses Püree können Sie zusätzlich oder statt anderer Süßungsmittel nehmen.
- Reduzieren Sie die Zuckermenge nach und nach. So gewöhnen sich die Geschmacksnerven problemlos an weniger Süße.
- Kaufen Sie nur wirklich reifes und aromatisches Obst für die süßen Gerichte, dann brauchen Sie auch nicht so viel Zucker.

Alternatives Bindemittel

Wer zum Binden von Süßspeisen keine Gelatine verwenden will, die aus Rinderknochen hergestellt wird, kann auf das rein pflanzliche Agar-Agar ausweichen, das aus Rotalgen gewonnen wird. Agar-Agar muß im Gegensatz zur Gelatine 1–2 Min. in Flüssigkeit gekocht werden, damit es seine Bindefähigkeit entwickelt.
Agar-Agar geliert sehr schnell, Sie sollten also alle anderen Zutaten schon vorbereitet haben, wenn Sie es kochen. Wie Gerichte mit Gelatine dürfen auch solche mit Agar-Agar nicht tiefgekühlt werden, denn sie werden dabei wieder weich.

Früchte satt

Für die meisten Desserts und süßen Hauptgerichte braucht man außer Eiern, Getreide und Milchprodukten vor allem frische Früchte. Und auch beim Obst gilt: Das, was gerade Saison hat und möglichst aus der näheren Umgebung stammt, schmeckt besonders aromatisch und konnte seine Inhaltsstoffe voll ausbilden. Viele Früchte mit einem weiten Transportweg werden geerntet, wenn sie pflückreif sind, das heißt, der Reifeprozeß ist noch nicht abgeschlossen. Denn vollreif geerntete Früchte haben oft eine sehr begrenzte Haltbarkeit.
Die meisten Früchte – Ausnahmen bilden Äpfel, Birnen und zahlreiche exotische Früchte – sollten Sie möglichst rasch nach dem Einkauf essen, Beeren am besten am selben Tag.
Kaufen Sie keine Früchte mit braunen Flecken oder mit Druckstellen, denn sie fangen meist rasch an zu schimmeln.

Früchte lagern

Beeren können Sie aus der Packung nehmen, auf einem Teller ausbreiten und etwa 1 Tag im Kühlschrank lagern.
Ausgereifte Früchte – außer Exoten, Äpfel und Birnen – im Kühlschrank lagern.
Nicht ganze reife Früchte können bei Zimmertemperatur nachreifen.

Früchte vorbereiten

Früchte mit Schale werden gründlich unter fließendem Wasser gereinigt, denn dadurch kann man z. B. einen großen Teil des Bleis, das sich auf der Schale gesammelt hat, entfernen. Die Früchte allerdings niemals in Wasser liegen lassen. Wer Obst aus konventionellem Anbau gekauft hat, sollte die Früchte dünn schälen. Exotische Früchte auch vor dem Schälen oder Schneiden gründlich waschen. Sie haben oft eine behandelte Schale, und die Zusätze können beim Zubereiten an den Händen haften und später auf die Frucht übergehen. Beeren sind empfindlich und sollten nur ganz kurz oder gar nicht gewaschen werden.

Früchte nach dem Kauf rasch verzehren, um Vitaminverlust zu vermeiden.

Mandel-Aprikosen-Couscous

- 🟢 Sommer
- 🟡 Raffiniert

Für 4 Personen:

4 getrocknete Aprikosen
150 g Couscous
300 ml Milch
400 g reife Aprikosen
1 EL Mandelstifte
1 EL Mandelmus (Reformhaus, Naturkostladen)
1 EL flüssiger Honig oder Ahornsirup
2 TL Zitronensaft

Zubereitungszeit: 15 Min.
Quellzeit: 30–60 Min.

Pro Portion ca.:1602 kJ/383 kcal
9 g EW/4 g F/66 g KH

1 Die getrockneten Aprikosen in sehr feine Würfel schneiden. Mit dem Couscous und der Milch mischen und 30–60 Min. quellen lassen.

2 Dann die frischen Aprikosen waschen und klein würfeln, dabei entsteinen. Die Mandelstifte in einer trockenen Pfanne unter Rühren bei mittlerer Hitze goldgelb rösten.

3 Den Couscous mit den Mandelstiften, dem Mandelmus, dem Honig oder dem Ahornsirup und dem Zitronensaft verrühren und in Schälchen füllen. Die frischen Aprikosen darauf verteilen.

> **TIP!**
> Der Mandel-Couscous schmeckt zum Frühstück ebenso wie als süßer Imbiß.

Apfel-Bananen-Müsli

- 🔵 Herbst/Winter
- 🔴 Preiswert

Für 4 Personen:

1 Banane
1 EL Zitronensaft
2 säuerliche Äpfel
1 EL Butter
150 g Vierkornflocken
2 EL brauner Zucker oder Zuckerrohrgranulat
200 ml Milch
2 EL Sultaninen

Zubereitungszeit: 20 Min.

Pro Portion ca.: 1351 kJ/323 kcal
5 g EW/7 g F/51 g KH

1 Die Banane schälen und mit einer Gabel fein zerdrücken. Mit dem Zitronensaft mischen. Die Äpfel schälen oder gründlich waschen und vierteln. Von den Kerngehäusen befreien und in kleine Würfel schneiden.

2 Die Butter in einer Pfanne erhitzen. Die Flocken darin unter Rühren knusprig anrösten. Mit dem Zucker oder dem Granulat bestreuen und diesen karamelisieren lassen. Mit der Milch ablöschen, von der Kochstelle ziehen.

3 Die Äpfel mit den Sultaninen und dem Bananenpüree unter die Flocken mischen. In Schälchen verteilen und servieren.

Süßes – nicht nur zum Dessert

Beeren mit Ricottacreme

- Sommer
- Schnell

Für 4 Personen:

500 g gemischte Beeren (Himbeeren, Monatserdbeeren und schwarze Johannisbeeren)
250 g weicher Ricotta
1 EL flüssiger Honig
75 g Sahne
abgeriebene Schale von 1/2 unbehandelten Zitrone
Schokoraspeln nach Belieben

Zubereitungszeit: 15 Min.

Pro Portion ca.: 975 kJ/233 kcal
8 g EW/15 g F/17 g KH

1 Die Beeren verlesen und vorsichtig waschen. Dann sehr gut abtropfen lassen oder mit Küchenpapier vorsichtig trockentupfen. Die Beeren in vier Dessertschälchen verteilen.

2 Den Ricotta mit dem Honig und der Sahne cremig rühren. Die Zitronenschale untermischen.

3 Die Ricottacreme auf den Beeren verteilen und nach Belieben mit Schokoraspeln garnieren. Möglichst sofort servieren.

Rhabarbergratin mit Eis

- Frühjahr
- Gelingt leicht

Für 4–6 Personen:

600 g Rhabarber
80 g Zuckerrohrgranulat
200 g Crème fraîche
1 EL Zitronensaft
50 g gemahlene Mandeln
1 Prise Zimt
1 Ei
4–6 Kugeln Vanilleeis
Butter für die Förmchen

Zubereitungszeit: 15 Min.
Backzeit: 25–30 Min.

Bei 6 Personen pro Portion ca.: 1535 kJ/367 kcal
9 g EW/25 g F/27 g KH

1 Den Rhabarber waschen und in etwa 1 cm große Stücke schneiden. In einer Schüssel mit der Hälfte des Zuckerrohrgranulats mischen.

2 Den Backofen auf 220° vorheizen. Vier oder sechs kleine feuerfeste Förmchen mit Butter ausstreichen. Ersatzweise eine große Form nehmen.

3 Die Crème fraîche mit dem übrigen Granulat, dem Zitronensaft, den Mandeln, dem Zimt und dem Ei verrühren.

4 Den Rhabarber abtropfen lassen und in die Förmchen füllen. Die Creme darüber verteilen.

5 Die Gratins im heißen Ofen (Mitte, Umluft 200°) 25–30 Min. backen, bis sie schön gebräunt sind. Heiß mit je 1 Kugel Vanilleeis servieren.

Heidelbeer-Muffins mit Joghurtsauce

- Sommer
- Raffiniert

Für 12 Stück

Für den Teig:
100 g Heidelbeeren
175 g Maismehl
140 g Weizenvollkornmehl
70 g Zuckerrohrgranulat
3 TL Weinsteinbackpulver
1 Prise Salz
1/4 l Milch
1 Ei
2 TL zerlassene Butter
24 Papierbackförmchen

Für die Joghurtsauce:
200 g Joghurt
abgeriebene Schale und Saft von 1/2 unbehandelten Zitrone
1 EL Ahornsirup

Zubereitungszeit: 15 Min.
Backzeit: 20 Min.

Pro Stück ca.: 682 kJ/163 kcal
5 g EW/3 g F/26 g KH

1 Den Backofen auf 220° vorheizen. Die Heidelbeeren verlesen, vorsichtig waschen und gut abtropfen lassen.

2 Beide Mehlsorten mit Zuckerrohrgranulat, Backpulver und Salz mischen. Die Milch mit dem Ei verquirlen. Die Mehlmischung unterrühren. Butter und Heidelbeeren untermischen.

3 Jeweils 2 Papierbackförmchen ineinander stellen. Den Teig in die Förmchen füllen. Die Muffins im Backofen (Mitte, Umluft 200°) 20 Min. backen, bis sie schön aufgegangen und gebräunt sind.

4 Inzwischen den Joghurt mit der Zitronenschale und dem Saft sowie dem Ahornsirup cremig rühren.

5 Die Muffins aus dem Ofen nehmen und etwas auskühlen lassen, dann aus den Förmchen lösen. Die Muffins lauwarm abkühlen lassen, dann auf kleinen Tellern mit der Sauce servieren.

Quarknockerl auf Orangensauce

- Winter
- Raffiniert

Für 4 Personen:

500 g Schichtkäse
150 g Weizen(vollkorn)-grieß
50 g Weizen(vollkorn)mehl
1 Ei
40 g Zuckerrohrgranulat
1 Prise Salz
abgeriebene Schale von 1 unbehandelten Zitrone
4 Orangen
1 EL Ahornsirup
1 Prise Nelkenpulver

Zubereitungszeit: 35 Min.
Ruhezeit: 2–3 Std.

Pro Portion ca.: 2158 kJ/516 kcal
20 g EW/22 g F/61 g KH

1 Ein Sieb mit einem Tuch auslegen. Den Schichtkäse hineingeben und einige Stunden abtropfen lassen.

2 Dann mit dem Grieß und dem Mehl, dem Ei, dem Granulat, dem Salz und der Zitronenschale gründlich verrühren. 30 Min. stehenlassen.

3 Aus dem Teig etwa tischtennisballgroße Nockerl formen. Bevor Sie alle Nockerl formen, ein Nockerl in siedendem Salzwasser 5 Min. ziehen, aber nicht kochen lassen. Behält es seine Form, ist die Konsistenz des Teiges richtig, und Sie können auch die übrigen Nockerl garen. Falls es im Wasser zerfällt, noch etwas Mehl unter den Teig mischen.

4 Die Nockerl im Salzwasser bei schwacher Hitze in 15 Min. gar ziehen lassen.

5 Inzwischen 1 Orange auspressen. Die restlichen Orangen schälen und klein würfeln, dabei alle Kerne entfernen. Das Fruchtfleisch mit dem Pürierstab sehr fein zerkleinern.

6 Das Orangenmus mit dem Orangensaft, dem Ahornsirup und dem Nelkenpulver verrühren.

7 Die Quarknockerl mit einem Schaumlöffel aus dem Wasser heben und auf eine Platte geben. Mit der Sauce servieren.

TIP!
Wer möchte, gibt etwas Orangenlikör an die Sauce.

Grapefruitgelee mit Pistaziencreme

● Winter
● Gelingt leicht

Für 4 Personen:

Für das Grapefruitgelee:
3–4 rosa Grapefruits
1 EL Zitronensaft
70 g Zuckerrohrgranulat
1 TL Agar-Agar
1 EL Orangenlikör nach Belieben
Für die Pistaziencreme:
50 g ungesalzene Pistazienkerne
150 g Crème fraîche
50 g Joghurt
Außerdem:
Kakaopulver

Zubereitungszeit: 20 Min.
Kühlzeit: 1 Std.

Pro Portion ca.: 1510 kJ/361 kcal
5 g EW/22 g F/35 g KH

1 Die Grapefruits auspressen, es soll 1/2 l Saft ergeben. Den Grapefruit- und den Zitronensaft durch ein feines Sieb gießen.

2 Den Saft mit 50 g Granulat zum Kochen bringen und das Granulat dabei unter Rühren auflösen. Das Agar-Agar mit einem Schneebesen unterrühren und alles 2 Min. kochen lassen. Den Likör untermischen.

3 Die Masse in vier kleine Förmchen gießen, abkühlen lassen und 1 Std. im Kühlschrank fest werden lassen.

4 Die Pistazienkerne in einer Pfanne ohne Fett bei mittlerer Hitze anrösten, bis sie würzig duften. Dann fein reiben. Mit der Crème fraîche und dem Joghurt mischen, mit dem übrigen Zuckerrohrgranulat süßen.

5 Die Förmchen in heißes Wasser tauchen, das Grapefruitgelee auf Teller stürzen. Mit der Pistaziencreme umkränzen und mit Kakaopulver bestäubt servieren.

Himbeer-Mascarpone-Eis mit Mohnsahne

● Sommer
● Raffiniert

Für 4 Personen:

Für das Eis:
250 g Himbeeren
1 EL Zitronensaft
250 g Mascarpone
50 g Zuckerrohrgranulat
100 g Sahne
Für die Mohnsahne:
25 g Mohnsamen
100 ml Himbeersaft
125 g Sahne
1 EL Ahornsirup

Zubereitungszeit: 20 Min.
Kühlzeit: 2–3 Std.

Pro Portion ca.: 2480 kJ/593 kcal
6 g EW/50 g F/30 g KH

1 Die Himbeeren verlesen und eventuell vorsichtig waschen. Dann mit einer Gabel fein zerdrücken.

2 Das Himbeerpüree mit dem Zitronensaft mischen. Mascarpone mit Zuckerrohrgranulat und Sahne verrühren, bis das Granulat nicht mehr knirscht. Das Himbeerpüree untermischen.

3 Die Masse in eine Edelstahlschüssel füllen und in 2–3 Std. im Gefrierfach fest werden lassen. Dabei immer wieder durchrühren, damit es gleichmäßig gefriert und sich keine zu großen Eiskristalle bilden.

4 Den Mohn mit dem Himbeersaft aufkochen, 5 Min. köcheln lassen, dann auf der abgeschalteten Kochplatte ziehen lassen. Die Sahne steif schlagen. Mohn und Ahornsirup untermischen.

5 Vom Eis Kugeln abstechen und auf Teller oder Schälchen geben. Die Mohnsahne daneben anrichten. Sofort servieren.

Im Bild oben: Himbeer-Mascarpone-Eis mit Mohnsahne
Im Bild unten: Grapefruitgelee mit Pistaziencreme

Rezept- und Sachregister

Agar-Agar 55
Ahornsirup 54
Äpfel
  Apfel-Bananen-
    Müsli 56
  Linsen-Apfel-Salat 7
  Sellerieflan mit Apfel-
    Meerretich-Salat 16
Aprikosen: Mandel-
  Aprikosen-Couscous 56
Artischocken mit
  Tomatencreme 15
Auberginen
  Auberginenrouladen
    mit Schafkäse-
    Füllung 42
  Gemüse-Pilaw mit
    Tofu 32
  Gemüslasagne 52
  Kichererbsen-Ge-
    müse-Topf 24
Avocado: Blätterteig-
  stangen mit pikanter
  Avocadocreme 12

Ballaststoffe 5
Bananen: Apfel-
  Bananen-Müsli 56
Bandnudeln mit Paprika-
  ragout und Mozza-
  rella 34
Beeren mit Ricotta-
  creme 57
Blätterteigstangen mit
  pikanter Avocado-
  creme 12
Blattsalate mit Fenchel
  und Dillcreme 6

Bohnentopf mit Rucola
  und Paprika 26
Buchweizenbratlinge
  mit Selleriepüree 40

Chicorée-Kartoffel-
  Gratin 51
Couscous
  Couscoussalat 9
  Mandel-Aprikosen-
    Couscous 56

Dämpfen 19
Dill: Blattsalate mit
  Fenchel und Dill-
  creme 6
Dinkel mit
  Frühlingsgemüse 26
Dünsten 19

Eier: Grüner Spargel mit
  Eier-Tomaten-
  Sauce 38
Eiweiß 4
energiesparend backen
  und kochen 44
Erbsen: Polenta-Gnocchi
  mit Kräutererbsen 38

Fenchel: Blattsalate mit
  Fenchel und Dill-
  creme 6
Fett 4

Impressum

© 1998 Gräfe und Unzer Verlag GmbH München. Alle Rechte vorbehalten. Nachdruck, auch auszugsweise, sowie Verbreitung durch Film, Funk und Fernsehen, durch fotomechanische Wiedergabe, Tonträger und Datenverarbeitungssysteme jeglicher Art nur mit schriftlicher Genehmigung des Verlages.

Redaktion: Christine Wehling
Lektorat: Claudia Daiber
Layout, Typographie und Umschlaggestaltung: Heinz Kraxenberger
Herstellung: Renate Hausdorf
Produktion: Helmut Giersberg
Fotos: Odette Teubner
Satz: Computersatz Wirth
Druck und Bindung: Kaufmann, Lahr
Reproduktion: Repro Schmidt, Dornbin
ISBN 3-7742-3593-7

Auflage	7.	6.	5.	4.	3.
Jahr	2004	2003	2002	2001	2000

Cornelia Schinharl
Sie lebt in der Nähe von München und studierte zunächst Sprachen, bevor sie sich dem Bereich Ernährung zuwandte. Nach der fundierten Ausbildung bei einer bekannten Food-Journalistin und einem Praktikum bei einem großen Hamburger Verlag, machte sie sich 1985 als Redakteurin und Autorin selbständig. Es sind seither zahlreiche Bücher von ihr erschienen.

Odette Teubner
wuchs bereits zwischen Kameras, Scheinwerfern und Versuchsküche auf. Ausgebildet wurde sie durch ihren Vater, den international bekannten Food-Fotografen Christian Teubner. Nach einem kurzen Ausflug in die Modefotografie kehrte sie in die Foodbranche zurück und hat seitdem das seltene Glück, Beruf und Hobby zu vereinen. Odette Teubner liebt die tägliche Herausforderung, die Frische und Natürlichkeit der Lebensmittel optimal in Szene zu setzen.

Rezept- und Sachregister

Frischkäse-Paprika-
  Creme 16
Früchte 55
Frühlingszwiebeln:
  Kartoffel-Frühlings-
  zwiebel-Suppe mit
  Croûtons 20

Gefüllte Kohlrabi 46
Gefüllte Tofu-
  schnitten 36
Gemüse
  einkaufen 18
  Gedämpfte Gemüse
  mit Senfschaum 42
  Gemüse-Pilaw mit
  Tofu 32
  Gemüse-Tofu-
  Bratlinge (Variante) 40
  Gemüsebrühe
  (Grundrezept) 19
  Gemüselasagne 52
  Gemüsestrudel mit
  Zitronen-Sabayon 48
  im Abo 18
  lagern, vorbereiten,
  zubereiten 19
  Grapefruitgelee mit
  Pistaziencreme 60
  Gratinierter Fenchel mit
  Tomatenhaube 50
  Grüner Spargel mit Eier-
  Tomaten-Sauce 28
Grünkern
  Grünkernklößchen in
  Thymian-Tomaten-
  Sauce 36
  Grünkernsuppe 22

Heidelbeer-Muffins mit
  Joghurtsauce 58
Himbeer-Mascarpone-
  Eis 60
Hirse: Tomaten-Hirse-
  Suppe 23
Honig 54

Kartoffeln
  Chicorée-Kartoffel-
  Gratin 51
  Kartoffel-Frühlings-
  zwiebel-Suppe mit
  Croûtons 20
  Kartoffel-Mangold-
  Kuchen 46
  Kartoffel-Sauerkraut-
  Puffer 30
  Kartoffel-Schalotten-
  Topf mit Safran 24
  Kartoffelsalat mit
  Paprika und Spinat 10
  Käse 44
  Kichererbsen-Gemüse-
  Topf 24
  Kleine Gemüsehörnchen
  mit Salat 14
  Kohlenhydrate 5
Kohlrabi
  Gefüllte Kohlrabi 46
  Kohlrabi-Curry-Suppe 20
  Kohlrabicarpaccio 8
Kräuter
  Polenta-Gnocchi mit
  Kräutererbsen 38
  Kräutersuppe 23
  Kümmel: Zwiebelquiche
  mit Kümmel 52
  Kürbissuppe 22

Lauch: Gemüsestrudel
  mit Zitronen-
  Sabayon 48
Linsen-Apfel-Salat 7
Löwenzahnrisotto mit
  Tomaten-Käse-
  Creme 32

Mandel-Aprikosen-
  Couscous 56
Mangold: Kartoffel-
  Mangold-Kuchen 46
Mascarpone: Himbeer-
  Mascarpone-Eis mit
  Mohnsahne 60
Meerrettich: Sellerieflan
  mit Apfel-Meer-
  rettich-Salat 16
Mineralstoffe 5
Möhren
  Dinkel mit
  Frühlingsgemüse 26
  Löwenzahnrisotto
  mit Tomaten-Käse-
  Creme 32
  Orangen-Möhren-
  Salat 8
  Spinatsalat mit
  lauwarmem Gemüse
  und Senfcreme 11
  Morchelmousse mit
  marinierten
  Tomaten 12
  Mozzarella:
  Bandnudeln mit
  Paprikaragout und
  Mozzarella 34

Orangen
  Orangen-Möhren-
  Salat 8
  Quarknockerl auf
  Orangensauce 59

Paprika
  Auberginenrouladen
  mit Schafkäse-
  Füllung 42
  Bandnudeln mit
  Paprikaragout und
  Mozzarella 34
  Bohnentopf mit
  Rucola und Paprika 27
  Couscoussalat 9
  Frischkäse-Paprika-
  Creme 16
  Gemüselasagne 52
  Kartoffelsalat mit
  Paprika und Spinat 10
  Penne mit Wirsing-Nuß-
  Sauce 35
  Pfannenrühren 19
  Pistazien: Grapefruit-
  gelee mit Pistazien-
  creme 60
  Polenta-Gnocchi mit
  Kräutererbsen 38

Quark
  Kartoffel-Sauerkraut-
  Puffer mit
  Kümmelquark 30
  Pellkartoffeln mit Käse-
  Gemüse-Quark 31

Rezept- und Sachregister

Quarknockerl auf
Orangensauce ... 59

Radicchio: Rucola-
Radicchio-Salat ... 9
Reis: Löwenzahnrisotto
mit Tomaten-Käse-
Creme ... 32
Reste ... 45
Rharbarbergratin
mit Eis ... 57
Ricotta: Beeren mit
Ricottacreme ... 57
Rucola
Bohnentopf mit
Rucola und Paprika ... 27
Kräutersuppe ... 23
Linsen-Apfel-Salat ... 7
Rucola-Radicchio-
Salat ... 9

Safran
GemüsePilaw mit
Tofu ... 32
Kartoffel-Schalotten-
Topf mit Safran ... 24
Sauerkraut: Kartoffel-
Sauerkraut-Puffer mit
Kümmelquark ... 30
Sautieren ... 19
Schafkäse
Auberginenrouladen
mit Schafkäse-
Füllung ... 42
Pellkartoffeln mit
Käse-Gemüse-
Quark ... 31
Tomaten-Hirse-
Suppe ... 23

Schalotte: Kartoffel-
Schalotten-Topf mit
Safran ... 24
Sekundäre Pflanzen-
stoffe ... 5
Sellerie
Buchweizenbratlinge
mit Selleriepüree ... 40
Sellerieflan mit Apfel-
Meerrettich-Salat ... 16
Sellerieterrinchen
(Variante) ... 17
Senf: Gedämpfte Gemüse
mit Senfschaum ... 42
Spargel: Dinkel mit
Frühlingsgemüse ... 26
Spinat
Kartoffelsalat mit
Paprika und Spinat ... 10
Spinatsalat mit
lauwarmem Gemüse
und Senfcreme ... 11
Spurenelemente ... 5
Süßungsmittel ... 54

Thymian: Grünkernklöß-
chen in Thymian-
Tomaten-Sauce ... 36
Tofu
Gefüllte Tofu-
schnitten ... 36
Gemüse-Pilaw mit
Tofu ... 32
Gemüse-Tofu-Brat-
linge (Variante) ... 40
Tomaten ... 12
Artischocken mit
Tomatencreme ... 15
Gratinierter Fenchel
mit Tomatenhaube ... 50
Grüner Spargel mit

Eier-Tomaten-Sauce ... 38
Grünkernklößchen in
Thymian-Tomaten-
Sauce ... 36
Löwenzahnrisotto
mit Tomaten-Käse-
Creme ... 32
Morchelmousse
mit marinierten
Tomaten ... 12
Tomaten-Hirse-
Suppe ... 23

Walnüsse: Penne mit
Wirsing-Nuß-Sauce ... 35
Wirsing: Penne mit
Wirsing-Nuß-Sauce ... 35

Zitronen: Gemüsestrudel
mit Zitronen-
Sabayon ... 48
Zucchini
Gemüse-Pilaw mit
Tofu ... 32
Gemüselasagne ... 52
Kichererbsen-
Gemüse-Topf ... 24
Zucker sparen ... 54
Zuckerrohrgranulat ... 54
Zuckerschoten
Couscoussalat ... 9
Dinkel mit
Frühlingsgemüse ... 26
Zwiebelquiche mit
Kümmel ... 52

**GASHERD-
TEMPERATUR**
Die Temperaturstufen bei
Gasherden variieren von
Hersteller zu Hersteller.
Welche Stufe Ihres Her-
des der jeweils angege-
benen Elektroherd-Tem-
peratur entspricht, ent-
nehmen Sie bitte der Ge-
brauchsanweisung.

ABKÜRZUNGEN
TL = Teelöffel
EL = Eßlöffel
Msp. = Messerspitze
kJ = Kilojoules
kcal = Kilokalorien
EW = Eiweiß
F = Fett
KH = Kohlenhydrate

**Das Original mit
Garantie**

IHRE MEINUNG IST UNS WICHTIG.
Deshalb möchten wir Ihre Kritik,
gerne aber auch Ihr Lob erfahren,
um als führender Ratgeberverlag
für Sie noch besser zu werden.
Darum: Schreiben Sie uns! Wir
freuen uns auf Ihre Post und
wünschen Ihnen viel Spaß mit
Ihrem GU-Ratgeber.

UNSERE GARANTIE: Sollte ein
GU-Ratgeber einmal einen
Fehler enthalten, schicken Sie uns
bitte das Buch mit einem kleinen
Hinweis und der Quittung
innerhalb von sechs Monaten
nach dem Kauf zurück. Wir
tauschen Ihnen den
GU-Ratgeber gegen einen
anderen zum gleichen oder
ähnlichen Thema um.

Ihr Gräfe und Unzer Verlag
Redaktion Kochen
Postfach 86 03 25
81630 München
Fax: 089/41981-113
e-mail: leserservice@
graefe-und-unzer.de

Rezept- und Sachregister 63